CRESCER COMO PESSOA PARA CRESCER NA FÉ

Processo e síntese

MILTON PAULO DE LACERDA

CRESCER COMO PESSOA PARA CRESCER NA FÉ

Processo e síntese

EDITORA
SANTUÁRIO

Coordenação editorial:
Ana Lúcia de Castro Leite

Copidesque:
Luana Galvão

Revisão:
Sofia Machado

Diagramação e Capa:
Maicon Santos

Dados Internacionais de Catalogação na Publicação (CIP) de acordo com ISBD

L131c Lacerda, Milton Paulo de

Crescer como pessoa para crescer na fé: processo e síntese / Milton Paulo de Lacerda. - Aparecida : Editora Santuário, 2023.
136 p. ; 14cm x 21cm.

Inclui bibliografia.
ISBN 978-65-5527-368-7

1. Religião. 2. Cristianismo. 3. Amorosidade. 4. Oração. 5. Espiritualidade. 6. Igreja. I. Título.

2023-2700 CDD 240
CDU 24

Elaborado por Vagner Rodolfo da Silva - CRB-8/9410

Índice para catálogo sistemático:
1. Religião : Cristianismo 240
2. Religião : Cristianismo 24

1ª impressão

Rua Pe. Claro Monteiro, 342 – 12570-045 – Aparecida-SP
Tel.: 12 3104-2000 – Televendas: 0800 0 16 00 04
www.editorasantuario.com.br
vendas@editorasantuario.com.br

Dedico estas páginas com afeto
a Catarina, esposa querida,
e aos sonhadores da felicidade, que vale a pena.

APRESENTAÇÃO

Tudo o que existe no mundo criado tem seu começo. Nada se encontra pronto, acabado e perfeito, em termos, sem alguns primeiros passos de uma sequência de degraus evolutivos, de uma série de momentos vitais.

Assim como as maiores plantas, por exemplo a sequoia gigante, têm seu início em uma pequena semente, como o grão de mostarda ou como o aparente "cisco" do eucalipto, assim como todos os animais começam como pequeno germe, também ocorre na existência humana, não só biológica, mas também psicológica e espiritual.

Nós humanos somos chamados a crescer, a nos realizar sob múltiplos aspectos e temos consciência disso. Não é à toa que qualquer pessoa normal está sempre em busca de algo mais, a bem dizer em busca do infinito, seja qual for o nome que damos a isso.

Ora, a evolução normal do crescimento se apresenta como verdadeiro processo, como longa e ascensional escadaria, a desafiar nossa vista, de tão distante, afastada e longínqua que nos apareça a meta final.

Algo divino lá está a brilhar e, daquelas alturas, acena-nos como desafio, como tesouro imensamente valioso e excelente, fina joia que de longe nos seduz e nos cativa, impulsionando-nos para o sempre mais e melhor.

Esse é nosso propósito. É nosso sonho. É o sonho de Deus. O axioma da Teologia, ao afirmar que "a graça supõe a natureza e a aperfeiçoa", está na base de toda a realização desse sonho. Deus não prescinde da colaboração humana, faz parte de seu projeto construir nossa felicidade de mãos dadas conosco, enquanto trabalhamos juntos, na alegria de uma justa esperança.

É também o sonho que motivou esta obra, sonho repetidamente sonhado por muitos anos, até que veio finalmente a concretizar-se. Acreditamos que, ao menos ao terminar a leitura destas páginas, você concordará conosco e se empenhará na realização dessa aspiração.

I

TUDO É PROCESSO

Segundo a conhecida Lei de Conservação das Massas de Lavoisier, químico do século XVIII, Pai da Química moderna, "Na Natureza nada se cria, tudo se conserva".

> Por meio do experimento podemos chegar à mesma conclusão de Lavoisier: em um sistema fechado, quando duas ou mais substâncias reagem entre si, a massa total dos produtos é igual à soma das massas dos reagentes. Durante as reações químicas, não há criação nem perda de massa, o que ocorre é a transformação das substâncias reagentes em outras substâncias[1].

Em outras palavras, a Natureza, desde seus imemoriais inícios, mais de 4 bilhões de anos, vem sofrendo constante mutação, passando, vagarosa e irrefreavelmente, de uma explosão fantástica, como o Big-Bang, para as alterações nem sempre perceptíveis de tudo que existe. Tudo apresenta Começo, Meio e Fim. Começou como uma bola de fogo em constante resfriamento, expelindo os gases que formaram a atual atmosfera. Uma mistura caótica de materiais e vapor de água, aos poucos, foi-se definindo como terra e mar, pois a precipitação da água em chuvas intermináveis deu origem, há cerca de 3 milhões de anos segundo alguns, à Pangeia, único continente, o qual, desde então, foi-se partindo em pedaços e se transformando nos atuais cinco continentes.

[1] SOUZA, Líria Alves de. "Lei de Lavoisier"; Brasil Escola. Disponível em: https://brasilescola.uol.com.br/quimica/lei-lavoisier.htm. Veja mais em: https://brasilescola.uol.com.br/quimica/lei-lavoisier.htm.

Começou depois disso a vida, primeiro na água, com bactérias, algas e microrganismos. Há 400 milhões de anos dali, foram surgindo plantas e invertebrados, depois vieram os grandes répteis ou dinossauros há 200 milhões de anos. Muito mais tarde, há mais de quatro milhões de anos, começaram a aparecer os seres primitivos de quem descenderiam os seres humanos[2]. Sem dúvida, sabe-se dos primeiros hominídeos com a descoberta de fósseis do Australopitechus, cujas características eram a postura ereta, o andar bípede e a dentição mais semelhante à do homem atual.

> A linhagem humana divergiu da dos macacos há pelo menos sete milhões de anos e talvez até mesmo há 13 milhões de anos. Os primeiros membros de nossa linhagem, que sem qualquer dúvida andavam verticalmente, foram os Australopitecíneos, cujo mais famoso é a espécie da Lucy, o Australopithecus afarensis. (A própria Lucy é datada de 3.2 milhões de anos atrás). O mais antigo fóssil atribuído a nosso gênero – o Homo – data de cerca de 2.98 milhões de anos e foi documentado apenas este ano. A capacidade de fazer ferramentas de pedra foi considerada, em tempos, como o cunho de nosso gênero. [3]

Ao que tudo indica, os seres humanos surgiram em algum lugar da África, migrando provavelmente há 60 mil anos para a Europa, até estabelecerem-se como a atual e única espécie, o Homo Sapiens, espalhando-se e colonizando sempre novas terras. Como tudo o mais no universo, sua evolução veio através dos tempos, graças à influência da cultura e da tecnologia. Essa caminhada através da História viu então em uma sequência o *Homo habilis*, o *Homo erectus* fabricante de utensílios de pedra e madeira, o *Homo ergaster* e *neanderthalensis* mais adaptado ao frio e com cérebro maior que o nosso, e que mais foi avançando para novas terras. O Homem atual é o *Homo Sapiens Sapiens*, subespécie do simples *Homo Sapiens* que inclui vários outros seres.

---

[2] Pode interessar a respeito a teoria de Alfred Wegener sobre a Pangeia e a formação dos continentes.

[3] DRAKE, Nadia. A Evolução Humana, in National Geographic, 11 setembro 2015.

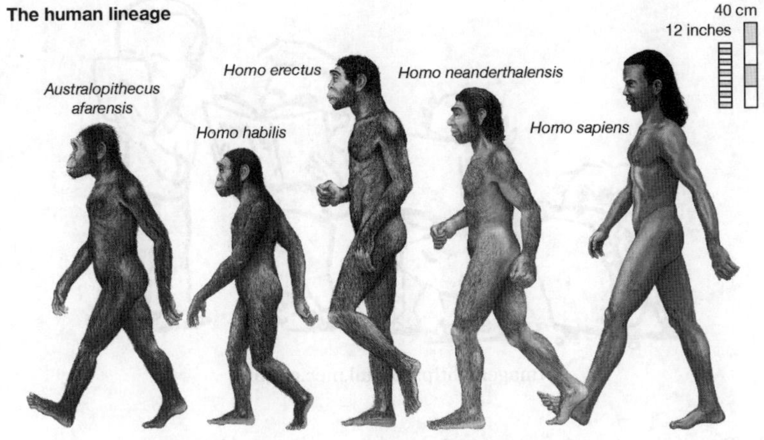

Imagem: In Encyclopædia Britannica

O que importa agora é contemplarmos a evolução cultural e tecnológica, causa ambiental do que é o homem de hoje. O ser humano ultrapassou a fase da vida selvagem e passou pela instância da barbárie até chegar ao que chamamos de Civilização.

A vida **selvagem** foi a condição dos primeiros homens, cuidando da sobrevivência pela caça com arco e flecha e com a pesca de peixes.

Seguiu-se a fase da **barbárie**, cujas características foram a invenção da cerâmica, a domesticação de animais, o cultivo de algumas plantas comestíveis e sua necessária irrigação, além de aprenderem a manipular o ferro pela fundição e a construir casas com tijolos de barro e pedras.

A fase de **civilização**, à qual pertencemos, teve início com a invenção do alfabeto e da escrita, incrível instrumento até hoje para a intercomunicação e possível cooperação dos seres humanos no progresso do todo, por meio de invenções e descobertas em ritmo acelerado. Alguns itens importantes para sua criação e manutenção podem ser lembrados como o cuidado da Subsistência, a instituição de um Governo, o uso de uma Língua comum, a firmeza e continuidade de uma Família, a crença em um ser superior pela Religião, a arte progressiva de uma Arquitetura, a garantia do direito de Propriedade.

Imagem: http://portal.mec.gov.br

A Tecnologia, desde as ferramentas pré-históricas e a descoberta do fogo, exprime a busca de instrumentos melhores e mais eficazes para o bem-estar dos humanos, seguindo no mesmo ritmo o caminho da evolução. Anchieta, Nóbrega e outros entre os primeiros missionários no Brasil caminhavam a pé pelo extenso litoral, ou iam de uma região a outra do país no compasso lento das antigas naus, demorando preciosas semanas e meses até atingirem seus destinos. Hoje automóveis e aviões cobrem distâncias ainda maiores em curtíssimo tempo, permitindo múltipla realização dos trabalhos.

As figuras e inscrições rupestres nas cavernas da pré-história deram lugar aos caracteres da escrita; as tabuinhas enceradas (tábula rasa) cederam lugar ao papiro e mais adiante ao papel; os rolos precederam os livros, as cópias pacientes dos monges foram superadas pela rapidez da imprensa de Gutemberg; a luz das velas tornou-se pequenina diante das lâmpadas elétricas; cartas e documentos foram substituídos pela Internet. Os primeiros computadores movidos a válvulas, que ocupavam uma ou duas salas, foram comprimidos rapidamente para os *Desktops* e finalmente ao tamanho portátil dos celulares.

São frequentíssimas as reuniões e aulas virtuais que substituem, muitas vezes, o penoso e dispendioso deslocamento de viagens e de trânsito caótico, em um crescendo irrefreável e em um processo sem-fim, em um futuro que se afigura cada vez mais surpreendente. Estamos entrando na era do 5-G, promessa de incrível velocidade na comunicação, que permitirá ainda maior aceleração tecnológica, tanto na indústria e agricultura, quanto nas aplicações de uso pessoal e familiar.

Em tudo isso, estamos pensando em Processo, palavra proveniente de Pro (para frente, para adiante) e Cesso (de cedere, caminhar). Tudo que existe, dentro e fora de nós, está sujeito a um processo. Nada lhe escapa, nem mesmo o pensamento e as emoções, porque tudo o que conhecemos é matéria ou dela depende, como é o caso de dependermos de nosso cérebro para pensar. Ora, a matéria, até em sua mais profunda intimidade atômica, é constante e possui vertiginoso movimento. Vive o constante processo de Começo-Meio-Fim. Isso levou Aristóteles a definir a "vida" simplesmente como "movimento". Ou Heráclito a sua clássica afirmação: "Tudo passa, nada permanece".

A reflexão nos conduz então para outro aspecto da vida material, o Tempo. O uso do relógio, a sucessão dos dias e das noites, agendas e calendários impressos nos levam a pensar no Tempo como entidade à parte, como algo meio independente de nós, como algo fluido e misterioso a que estamos irremediavelmente sujeitos, sem condição de nos rebelar ou contrariar. Dizemos que o "Tempo passa", que "Não temos Tempo" e outras muitas expressões. No entanto o Tempo está dentro de nós, é nossa própria passagem dentro do metabolismo corporal.

> O valor do tempo relaciona-se com a intensidade com a qual nós a vivemos. Que significa viver trinta, sessenta, noventa anos? Isso não diz nada sobre o valor desta vida ou sobre sua verdadeira duração. O tempo passa em uma velocidade relativa à intensidade da vida vivida e da qualidade de vida experimentada. Talvez existam pessoas de noventa anos que, de fato, tenham realmente vivido apenas três anos de suas vidas. Por quê? Porque suas vidas foram tão vazias, tão sem valor, tão volúveis, que equivaleram a apenas alguns dias ou anos. Essas pessoas não viveram. Apenas subsistiram. De que adianta uma vida que se arrasta desse jeito por mais de noventa anos?[4]

[4] BOULAD, Henri. Deus e o Mistério do Tempo, p. 18.

A aparência externa do que chamamos "idade" é, na verdade, nossa maneira de existir como seres materiais, sujeitos a uma centena de processos internos de que nem fazemos conta. O tempo não passa, nós é que passamos. Por isso podemos com razão dizer que sempre temos o tempo que quisermos, se o quisermos, porque nossa vida pode ser governada com liberdade consciente, de acordo com a luz do bom senso e o desprendimento de quaisquer comprometimentos escusos, ou seja, de paixões desordenadas.

***

Outro aspecto a ser considerado, quando pensamos em Processo Humano, é o mecanismo mais elementar e básico do psiquismo, que, de maneira quase caseira, gosto de chamar de "Os Três Gestos". Chamo assim porque na presença de meus clientes em terapia coloco a mão na testa (1º gesto), representando tudo que podemos *pensar*, sonhar, imaginar, lembrar, refletir, raciocinar. Nosso pensamento é a fonte de todo um processo. Costumo sugerir que meu cliente, de olhos fechados, imagine um lugar bonito e agradável, onde esteve, e ali fique por alguns minutos. Vale a pena pesquisarmos sobre o poder que em nós exercem as imagens, as que criamos e as que recebemos de fora, especialmente pelos meios de comunicação. O resultado é imediato, como segue.

O que de algum modo pensamos ou lembramos, provoca automaticamente o que *sentimos* (2º gesto, colocando a mão no peito, para significar simbolicamente nossa reação emocional). A reação do cliente é sempre admirável, de prazer e emoção positiva. De tal modo essa ligação acontece que podemos afirmar sem receio: somos responsáveis pelo que sentimos, porque permitimos permanecerem no palco da consciência os pensamentos que possam surgir. Infelizmente, nem sempre temos controle do que pode aparecer, mas podemos deixar ou não que ali fiquem e se estabeleçam pensamentos e lembranças negativas e desagradáveis.

Nada estranho, até evidente, que o processo continue com frequência, estendendo-se ao nível do *organismo* e também de *toda comunicação com o exterior* (3º gesto, colocando minhas duas mãos à frente, para significar possíveis alterações corporais e modificações no relacionamento com as pessoas e os objetos à volta). Quantos gestos inadvertidos mostramos na convivência social, quantas alterações de voz, quantos impulsos aparentemente irrefletidos, até mesmo quantas doenças ou mal-estares aparecem, simplesmente porque andamos pensando ou lembrando coisas desagradáveis.

II

CRESCER COMO PESSOA

1. O processo humano individual

É comum encontrar nas famílias álbuns de fotografias que retratam os filhos desde os primeiros instantes após o nascimento. As crianças aparecem nas mais diversas situações, de passeio ou de festa, dentro e fora de casa, posando de propósito ou surpreendidas em suas brincadeiras.

A Psicologia do desenvolvimento estuda a evolução desse ser humano não tanto pelo crescimento orgânico, mas por seu crescimento em etapas ou idades. Sendo um ser altamente complexo, seu estudo é um verdadeiro desafio aos estudiosos de várias linhas, cada um trazendo sua contribuição. Assim vão teorizando as hipóteses Psicanalítica, Comportamental, Rogeriana, Humanista, Transacional e outras.

> O Processo do desenvolvimento humano como um todo é um crescimento diferencial e uma estruturação cíclica que produz uma personalidade e uma identidade que são grandemente influenciadas pelos dons individuais e pelas contingências ambientais. Assim como uma espiral, pressiona em sentido ascendente durante mais de duas décadas; depois, mantém o nível conseguido, durante mais duas décadas; a seguir, alcança um longo período de declínio lento; depois decai mais rapidamente até um ponto em que os principais órgãos ou sistemas falham e ocorre a morte... Entre os mais de 2 milhões de espécies que têm habitado a terra, o Homo Sapiens é o único que experimenta a preocupação final. O Homem necessita de fé, esperança, de um

> propósito para viver e dar significado e dignidade à sua existência... Acima de tudo, anseia por amor e relacionamento com outras pessoas; deseja obter e manter seu autorrespeito e, se possível, o respeito e a admiração dos outros.[1]

A influência do ambiente em que meninos e meninas crescem é bem maior que a contribuição genética. O ciclo começa com os pais, afetados por seu passado e por toda a história mais ou menos tempestuosa dos antepassados. O clima afetivo então vivido vai-se incorporando no DNA da família, quase como o ar que permanece denso, nem sempre perfumado, por todos os cômodos das casas antigas.

Além disso, a pessoa jovem vai sofrendo múltiplas influências. O recinto da primeira escola costuma ser algo mágico, tão mágico quanto a magia que lhes domina a mente. O contato com os coleguinhas, a fisionomia das primeiras professoras, a experiência de descobrirem-se capazes de escrever, ler e contar, as brincadeiras nos recreios e os lanches inesquecíveis vão-se acumulando como gravações marcantes na tenra memória dos pequenos.

Mais do que em tempos passados, à medida que vão crescendo, apropriam-se com rapidez dos recursos da tecnologia, dos celulares, da televisão, do computador e dos demais meios de comunicação, ampliando horizontes na companhia dos companheiros, da sociedade maior, dos irmãos e parentes e do trabalho.

2. As etapas do desenvolvimento

A INFÂNCIA se caracteriza pela concentração no EU e em tudo que lhe diz respeito. "Meu pai é que é forte, rico, sabe tudo. Minha mãe é a mais bonita; meu brinquedo é o melhor." A configuração básica da personalidade é estabelecida durante os primeiros cinco ou seis anos de vida, incluindo o Período Pré-natal, o Nascimento, a Primeira Infância e a Segunda Infância. A tendência

[1] Pikunas & Dobzhansky. Desenvolvimento Humano, p. 438.

é o direcionamento para o próprio eu, devido à insegurança e fragilidade evidentes. Tudo é projeção do eu.

A criança está voltada para o mundo interior, só existe para ela o mundo de dentro, seu pequeno mundo. Não é propriamente miopia mental, antes a certeza das próprias limitações. Sente-se pequena, frágil, dependente de papai e mamãe para a satisfação da fome, da sede, das necessidades fisiológicas, até da necessidade de companhia para brincar. Tudo que a cerca é prolongamento de si mesma.

Qualquer perda, como a ausência de uma pessoa querida ou de um brinquedo, assemelha-se à retirada de um pedaço de si mesma; por isso chora, revolta-se e esperneia, lutando bravamente pela posse e defesa de seu pequeno mundo. A criança não sabe explicar por que sofre, ao ter de interromper uma brincadeira e ao ser contrariada, por exemplo com a ordem de ir tomar banho justamente na melhor hora do jogo.

ADOLESCÊNCIA é a descoberta do TU ou VOCÊ, da existência mais que interessante do Outro ou Outra, da descoberta fascinante de não se estar sozinho. Os adolescentes conseguem superar um pouco melhor a solidão e fragilidade da infância. Inclui-se o surto da puberdade, o rápido crescimento fisiológico, a perda do corpo da infância e do equilíbrio orgânico, o surgimento do interesse sexual explícito, a perda dos pais da infância e do autocontrole comportamental. Juntamente começam intensa auto-observação, experiências emocionais mais fortes, as primeiras ideias morais e religiosas, grande ambivalência com regressões e avanços. Procura conhecer-se a si mesmo pelo conhecimento do outro, que descobre como semelhante. Fala muito de amizade porque percebe sua necessidade, embora seja ainda muito interesseira.

O corpo cresce, transforma-se inesperadamente, braços e pernas alongam-se desajeitados, espinhas pipocam nas faces como erupções que denotam revolução fantástica. A insegurança apenas muda de endereço. Passa para a casa do adolescente. É então quando a criança descobre o próprio corpo pedindo alguma coisa que não sabe definir. Percebe aflorar o apetite sexual, ao mesmo tempo em que fica excitada na região genital, por qualquer motivo.

O interesse dos meninos pelas meninas e vice-versa é também contraditório. Ao mesmo tempo em que sentem atração forte uns pelos outros, especialmente para saber como uns e outros funcionam, percebem angustiados estar esbarrando mais uma vez com o mistério. Aproximam-se furtivamente, negaceiam nos encontros, sentem necessidade de estar juntos, mas, no mesmo passo, uma insegurança enorme.

O Tu do outro, deste ou do outro sexo, torna-se o espelho em que cada um aprende alguma coisa sobre si mesmo. No fundo, é o prolongamento da atitude de Egocentrismo da criança, servindo-se de sua idade para procurar desfazer as próprias dúvidas. Percebem-se companheiros da mesma louca experiência de estar crescendo, aparentemente sem rumo, como pequenos barcos prematuramente lançados ao mar, envolvidos em tempestades antes que seus timoneiros pudessem ter o treinamento necessário. Adolescentes falam muito de amizade, precisamente porque não a possuem. Precisam desesperadamente de ombros amigos para se apoiar e de corações aquecidos para os acolher.

JUVENTUDE: NÓS. Como o arbusto que já cresceu e começa a elevar-se significativamente acima do chão, essa etapa caracteriza-se pelo esgalhamento das iniciativas, assim como pela floração e confirmação das amizades. A turma dos amigos começa a ser realidade mais firme: "Um por todos, e todos por um". As flores da beleza, da força física, da elegância, da sedução, da criatividade mais ou menos audaciosa, da improvisação atrevida são apenas algumas das que vão despontando nos galhos viçosos dessa idade psicológica.

É fase de amizades mais firmes, de busca de experiências novas e arriscadas, de sonhos de realização e criação de "sistemas de filosofia sobre a vida". Jovens gostam de realizar coisas com a companhia dos outros, desenvolvendo assim suas capacidades de liderança. Vão enfrentando as tarefas da escolha vocacional e do casamento e fazendo as primeiras experiências no mundo do trabalho.

Nesta época do crescimento psicológico, a juventude do rapaz ou da moça torna-se evidente na liderança crescente, própria dos que se permitem seguir iniciativas. Estas os "obrigam" a desincumbir-se de tarefas cada vez mais complexas e arriscadas. Ora um ora outro sugere pistas. A colaboração vai em um crescente para a concretização do NÓS, como em uma orquestra de jovens talentos, em que os executantes vão forçando o volume de seus instrumentos sob a orientação do maestro – o idealismo nascente – até explodirem no "Fortíssimo" majestoso do entusiasmo juvenil.

IDADE ADULTA: TODOS, o UNIVERSAL. A idade adulta interna nem sempre corresponde à idade cronológica, como aliás acontece com as demais etapas. O fato marcante, na ocasião, é certa estabilidade na vida: já existe definição suficiente da profissão e mais ainda da vocação ou do sentido da existência; definição da pessoa com quem se pensa unir a caminhada para constituir família, definição do clima de responsabilidade diante dos deveres de cidadão e dos compromissos com a religião.

É marcada pela crescente estabilidade: emocional, sexual, afetiva, profissional e vocacional. Existem também aí altos e baixos, podendo, contudo, persistir o processo de crescimento. Estabilidade nesse ponto não significa parada ou estagnação, antes é a demonstração dinâmica do ser humano começando a viver a experiência de plenitude. Há muito chão pela frente, fazendo lembrar a longa escalada do alpinista, treinado em conquistas de menores altitudes e que se propõe agora a vencer os contrafortes do Himalaia ou, ao menos, do Matterhorn. O clima interior é de segurança, de firmeza consciente, de abertura para os grandes horizontes da humanidade.

Psicologicamente, portanto, o mais característico é a abertura para o Universal, para o Todos, tanto no campo social e político quanto no religioso. Vai-se abrindo também para uma primeira síntese de conhecimentos e experiências, que pode bem chamar-se de início da Sabedoria.

IDADE AVANÇADA OU SENECTUDE: longe de ser o desmaio desalentado e melancólico do náufrago, após uma vida semelhante à embarcação prestes a submergir nos embates da tormenta, é antes o gesto sublime e heroico do alpinista, que fincou a bandeira de vitória no mais alto cume da existência. De lá observa humilde os próprios passos e o desenrolar da História, enquanto desfruta da visão magnifica da Sabedoria mais profunda e tranquila, cabedal de valor inestimável, incompreensível para os mais novos.

Também como alpinista vencedor, no pico mais alto da montanha, o "Idoso" descortina, quase em um relance, cidades, estradas e rios, com indizível prazer. Não é um "velho", porque não desistiu de viver. É idoso, sem mais, porque tem bastante idade e possivelmente muita experiência de vida.

É bem verdade que do outro lado da montanha, segue-se a descida para o vale, abrindo nova etapa, a da AVALIAÇÃO, correspondendo à meia-idade, dos 40 ou 45 anos até os 60, 70 ou mais. Os filhos já estão criados e amadurecidos sexualmente. Podem as pessoas redecidir sobre seu SCRIPT de vida (o Roteiro como de teatro, aprendido nos primeiros anos e que se prolonga como orientador subconsciente de seus pensamentos e de suas decisões por toda a vida). Podem também tentar fazer experiências novas.

É a fase do climatério, involução da potência sexual, especialmente penosa para as mulheres, que têm a tendência de se ver no fim da estrada e de não serem mais desejáveis para ninguém; mais ainda quando contemplam as filhas desabrochando sexualmente. Os homens não sofrem alteração tão abrupta, continuam dispostos para o sexo e podem ficar perturbados precisamente pela beleza das filhas.

Pode ocorrer a decisão de substituírem a perda do controle sobre os filhos por raiva e depressão ou por sintomas de doenças ou alcoolismo. Outra forma de compensação seria tentar controlar a vida do cônjuge, piorando ainda mais o relacionamento já um tanto deteriorado. Às vezes, a mulher pode decidir continuar de algum modo o SCRIPT de mãe, adotando crianças ou dedicando-se aos netos.

Quanto à vida profissional, homens e mulheres costumam alcançar nessa fase o ponto máximo da meia-idade. Pode ocorrer a decisão de assumirem a sensação de serem os mais sábios e experientes, como também a de buscarem, na empresa em que trabalham, promoções para um nível administrativo, para serem tidos como pessoas bem-sucedidas. Em situações de conflito no trabalho, podem decidir pela desistência desses projetos de promoção funcional. Ou, ao contrário, pela insistência neles, com o risco de se distanciarem ainda mais da direção, ou pela mudança para outra empresa mais de seu feitio, ou até pela mudança de profissão.

Da mesma forma com que se dispensam móveis velhos, esses adultos podem decidir por uma nova revisão do SCRIPT de vida. Jogam fora o que não é mais funcional e reinvestem energia em atividades desejáveis, até então impedidas pelas obrigações anteriores, como, por exemplo, fazer excursões, praticar esportes, jogar tênis, pintar quadros, lidar com computadores, aprender a cozinhar pratos finos. É bem verdade que, à medida que envelhecem, torna-se mais assustador deixarem de lado atividades que, até então, formavam parte de sua segurança.

Ante a velhice e a morte dos próprios pais idosos, costumam ficar desorientados e indecisos sobre o que fazer, no caso de terem estado até então muito ligados àqueles. Entretanto é para todos importante tarefa planejar uma velhice equilibrada e interessante.

Continuando a analogia da escalada da montanha, voltamos de novo ao vale, com o estágio de RESOLUÇÃO, dos 60 ou 70 anos até a morte. É o estágio final da vida, em que a pessoa precisa enfrentar o declínio da produtividade e a inevitabilidade do fim, que começa geralmente com o marco da aposentadoria. Longe de ser uma doença, é etapa destinada a tarefas bem definidas: a reciclagem das fases anteriores, a busca de harmonia com outras pessoas de especial importância, como os parentes, a aceitação de perdas e o contato honesto e sensato com a ideia de morrer.

Os idosos podem decidir que a aposentadoria será bem ou mal recebida, conforme o SCRIPT que viveram; ou que não servem mais para nada e são peso morto para os parentes; ou que fizeram até então o que deviam fazer, podendo desfrutar da companhia dos netos, se lhes agradar, bem como mandá-los de volta para os pais, quando não estiverem dispostos.

Essa é mais uma oportunidade para redecidirem seu SCRIPT, encontrarem o significado e o valor do que fizeram na vida e se reconciliarem com o que não conseguiram fazer; isso tudo sem sentimento de culpa. Se estiverem de bem consigo e com o mundo, os idosos poderão resolver ocupar-se com novas atividades, como promoções da comunidade, da Igreja ou de Associações filantrópicas. Se, porém, não estiverem bem consigo e se sentirem menos que os outros, provavelmente vão pendurar-se nos circunstantes em busca de conforto e apoio. E se, além disso, também desacreditarem do mundo, tornar-se-ão abúlicos e indecisos.

É, no entanto, ocasião de reinvestirem o afeto em novas amizades, quando já tiveram várias perdas entre cônjuge, parentes e amigos, podendo decidir por uma entrega mais ou menos confiante a esses novos amigos.

Para muitos idosos é frequente a decisão de buscarem, em Deus e nas práticas religiosas, uma fonte de segurança, de afeto e de coragem. Dão-se a leituras esclarecedoras na linha da cultura e a atividades em que exercitam a crença no valor da solidariedade presente, em vista da vida futura.

Vários decidem fazer nesses anos um testamento, que previna a distribuição de seus bens em um clima de harmonia entre os herdeiros. E dedicam-se a aproveitar o tempo que lhes resta para resolverem questões importantes e pendentes na família. Em suma, decidem aceitar e preparar a morte com dignidade e possível paz.

Pode ter parecido demasiado longa a reflexão sobre essa última etapa da vida presente, quando a sociedade e a Igreja estão justamente precisando de sangue novo e braços fortes para realizar suas ingentes tarefas. No entanto os idosos, com sua presença, geralmente mais equilibrada e estável, têm condições de infundir na comunidade o sentido da Sabedoria e da perseverança, da moderação e do desprendimento. Sua presença, ao mesmo tempo em que lhes permite continuarem a ser úteis aos mais jovens, reabilita-lhes as forças e dá a seus últimos anos de vida um renovado espírito de amor e alegria.

É próprio de cada ser humano participar da sorte de todas as criaturas do universo, isto é, viver esse processo de crescimento dentro das coordenadas do Tempo e do Espaço. Verdadeiro Homem que foi, Jesus Cristo histórico viveu também a experiência comum de crescer por todas as etapas normais (Lc 2,39-52). Um estudo desapaixonado dos Evangelhos o mostra vivendo essas etapas de toda gente. É o que narra Lucas, como sequência da visita que os pais fizeram ao Templo de Jerusalém com ele bebê: "*Quando se completaram os dias para a purificação deles, segundo a Lei de Moisés, levaram-no a Jerusalém a fim de apresentá-lo ao Senhor*" (v. 39). Era uma família normal, harmoniosa e cumpridora de seus deveres.

Em tal ambiente, o menino crescia em todas as dimensões possíveis: corporal, mental, cultural, espiritual. "*E o menino crescia, tornava-se robusto, enchia-se de sabedoria; e a graça de Deus estava com ele!*" (v. 40).

Quando *adolescente* (v. 41-51), Jesus acompanhou os pais na festa da Páscoa, como faziam todos os anos. Era gente piedosa, que comunicava ao filho a realidade de suas origens muito especiais, a vida de uma oração mais ampla do que em família. Com doze anos então, ele passou pela cerimônia do "Bar Mitzvá", pela qual assumia a posição de maturidade social. Não foram propriamente o burburinho da capital do país nem o encantamento com a grandiosidade do Templo a causa do transtorno de seu desaparecimento; foi sim a experiência profunda de estar na casa do Pai que o levou à decisão, bem adolescente aliás, de permanecer ali sem o cuidado de avisar os pais, com a consequente ansiedade deles. Quando esses o encontraram após três angustiosos dias, espantou-se com a admiração deles: afinal, ali era a casa do Pai do Céu! Depois de se entenderem, prevaleceu o bom senso de todos, e ele *"desceu com eles para Nazaré e era-lhes submisso"*.

Jesus *jovem* (v. 52), dentro da profissão de operário ou carpinteiro que adotou de José, crescia em estatura e em robustez física (pelo Santo Sudário de Turim, devia medir cerca de 1,80). Crescia em Sabedoria, pelos conhecimentos adquiridos em casa e na escola da sinagoga, assim como pela leitura e pelos comentários semanais das Escrituras. Apaixonava-se pela contemplação da natureza, pela maravilha da obra da Criação. Em tudo isso recebia o exemplo simples e equilibrado de Maria e José, ao mesmo tempo em que fazia a experiência pessoal nos relacionamentos da aldeia e das cidades vizinhas, aprendendo a fórmula ideal de ser gente, isto é, de "ser-para-os-outros"... Crescia em Graça, deixando seu coração jovem ser inundado pela luz do Espírito e pelo amor do Pai, sendo contemplativo na ação... Profundo sem deixar de ser espontâneo e alegre... Responsável sem ser rígido...

Já *adulto*, após o falecimento de José e chegado o momento estabelecido pelo Pai, despediu-se de Maria, sua mãe, que ficou aos cuidados dos muitos parentes, a fim de dar início a sua missão pública. *Nesse tempo, veio Jesus da Galileia ao Jordão até João, a fim de ser batizado por ele* (Mt 3,13). E, logo ao subir da água, viu os céus se rasgando, e o Espírito, como uma pomba, descer até ele, e uma voz veio dos céus: "Tu és meu Filho amado, em ti me comprazo" (Mc 1,10-11).

Pleno do Espírito Santo, voltou do Jordão, vivendo a perfeição da *maturidade*. Era guiado pelo Espírito através do deserto, durante quarenta dias, e tentado pelo diabo (Lc 4,1-2). Retornou então para a Galileia, sempre com a força do Espírito, e sua fama espalhou-se por toda a região circunvizinha. Ensinava em suas sinagogas e era glorificado por todos.

O amadurecimento de qualquer pessoa é, como estamos vendo, um processo, movimento do menos para o mais. É uma caminhada longa e mais ou menos penosa, em que o indivíduo precisará ir aprendendo a lidar não apenas com seu complexo potencial interno, mas, ao mesmo tempo, com a complexidade enorme do ambiente exterior, de pessoas e coisas, nas situações mais inesperadas.

Para alargarmos ainda mais a visão do crescimento humano, surge daí mesmo a necessidade natural da convivência, do agrupamento de pessoas nas mais diversas situações, nas mais imprevisíveis conjunturas da vida. É o que vamos procurar refletir em seguida.

3. O processo humano grupal

3.1. A reunião

Em termos de grupo, podemos dizer que todo conjunto de pessoas que se encontra pela primeira vez, em determinado lugar, para finalidade determinada, constitui uma REUNIÃO.

Corresponde à fase da Infância grupal (a busca do EU). Cada pessoa ali está presente por interesse pessoal, como acontece no ônibus, em que diariamente se encaminha para o trabalho, naquele mesmo horário, na companhia provável das mesmas pessoas, porque desenvolveram hábitos semelhantes. Veem-se uns aos outros, pela frequência com que pegam aquela condução. O interesse de cada um é chegar a seu destino, não sendo isso motivo para que se estabeleça algum tipo de relacionamento. Quando muito, pedem licença para passar ou sentar.

Ninguém se conhece, as caras são todas estranhas. Reina certo constrangimento até de fixá-las; não aconteça que os olhares se cruzem, e alguém se sinta invadido. A busca de contato com os presentes não ultrapassa a perspectiva do Eu de cada um, já que pensam quase exclusivamente nos próprios interesses. Reina ali geralmente o egocentrismo, não necessariamente egoísmo. Este seria o prolongamento da atenção sobre si mesmo para além dos primeiros anos, como atitude atrofiada no desenvolvimento da sociabilidade.

Situação semelhante seria a do funcionário novo em um escritório com muita gente, ou de novos professores que chegam para integrar o corpo docente de uma escola. Se não houver da parte dos "veteranos" uma atenção especial de acolhimento e o cuidado de fazerem uma conveniente introdução àquele ambiente, haverá sem dúvida certo mal-estar.

3.2. Grupo de amigos

As pessoas recém-agrupadas podem evoluir do estágio de Reunião para o de GRUPO DE AMIZADE, correspondente à etapa adolescente (surge o interesse pelo TU ou VOCÊ).

Com o tempo e a convivência forçada no mesmo ambiente, ou no escritório ou na sala dos professores, nos intervalos e recreios, ou na condução em que se encontram diariamente, vão os interessados começando a conhecer-se. Acabam por cumprimentar-se e puxar conversa, descobrem afinidades, entabulam papos sobre assuntos de interesse comum. Começa aí a descoberta de que, além do motivo que os levou a estar juntos (trabalharem como professores, ou funcionários, ou como passageiros para o mesmo destino na condução), vale a pena aproveitarem a proximidade para, no mínimo, desfazerem o constrangimento. Isso é movimento natural, não precisa ser ensinado. Acontece espontaneamente, por ser dote original de cada ser humano. Além do direcionamento para o objetivo inicial, começam, portanto, a voltar-se uns para os outros.

À medida que aprofundam o mútuo conhecimento pelas oportunidades naturais do dia a dia, cresce o sentimento de prazer de se procurarem. Na sala dos professores ou no intervalo do cafezinho, os papos correm, e as risadas estouram como rojões, enquanto esperam pela próxima atividade. Raro é o caso em que não prefeririam continuar conversando, em vez de enfrentarem os assuntos mais ou menos áridos do trabalho. Quantas vezes continuam, até em surdina, passando mensagens de celular uns para os outros ou tentando prosseguir na conversa sobre seus negócios particulares, muito mais chegados a seus gostos imediatos.

Algo assim acontece também no escritório de uma firma. Pode rolar uma conversa descontraída para lá do horário de iniciar os trabalhos, só porque entre os conhecidos vai aparecendo a planta nova de alguma amizade. É muito mais interessante trocar ideias sobre viagens ou comparar comentários e opiniões sobre os últimos jogos de seu esporte favorito, assim como desabafar os possíveis desencontros com o chefe. Essa é, pois, a fase do chamado GRUPO DE AMIZADE, não porque já sejam amigos, mas porque despertaram para a necessidade de o serem.

Assim como os passageiros do mesmo ônibus, os funcionários do mesmo escritório e os alunos de uma mesma turma acabam se conhecendo e se interessando não só pelo destino comum, mas também pelas tarefas funcionais e pelas aulas a que assistem, dada a frequência dos encontros diários, igualmente pode e deve acontecer com os grupos de Igreja. Não tem cabimento que, durante anos a fio, continuem a conviver paralelamente nos ofícios divinos e, até mesmo, dentro de pastorais e associações religiosas, como se pouco tivessem a ver uns com os outros. São chamados a se conhecer o suficiente para se quererem como amigos, a fim de chegarem a se amar como irmãos. Ora, é bem isso o que se deseja conseguir na convivência humana.

3.3. A equipe

Um Grupo de Amizade, na perspectiva de processo, pode evoluir para o estágio de EQUIPE (do abrir-se para o NÓS), no momento em que, baseado na crescente experiência de abertura, intimidade e calor humano, descobre a possibilidade de iniciar tentativas de liderança. Ora uns ora outros, movidos pela conscientização crescente sobre os motivos de autorrealização e pelos interesses dos demais, vão reforçando dia a dia os laços que unem o grupo, criando cada vez mais, em todos, o sentido de unidade na ação, o senso da cooperação alegre e disponível.

Com efeito, aos poucos, voltando às comparações anteriores (viagem de ônibus, ensino ou aprendizado na escola, efetividade no escritório), com o correr dos dias e o aprofundamento da amizade, novas experiências vão sendo feitas, tanto com relação ao objetivo inicialmente procurado, quanto com respeito à ligação entre as pessoas do mesmo grupo. Conhecem-se cada vez melhor, nas qualidades e nas fraquezas, confiam possivelmente mais uns nos outros, assumindo certo grau crescente de solidariedade. Característica dessa nova fase, que chamamos de EQUIPE, é a multiplicação de *iniciativas*, a coragem de experimentar caminhos novos, de *arriscar* propostas diferentes, de criar empreendimentos originais, seja por desenfado, seja por criatividade, porque ali há espaço para tudo isso. Estão todos voltados para o objetivo inicial, sim, mas, ao mesmo tempo, uns para os outros, na formação de um elo cada vez mais forte.

Vale aqui pensar novamente na dificuldade das pessoas que entram de repente em um grupo já formado. Não tiveram o "tempo interior" para se conhecerem, estimarem-se e se quererem. É o que acontece com os professores, que ingressam no corpo docente de uma escola, ou com os alunos enxertados em turma já começada, ou com os funcionários recém-admitidos em uma empresa. São chamados a viver em Equipe, sem o desenvolvimento interno dessa atitude. Então, ou cada um desses personagens acelera o trabalho intensivo de suprir essa falta, ou o ambiente se ressentirá da inadequação e do desencaixe do pessoal. Facilmente poderão aparecer casos de marginalização, porque aquela distância entre as pessoas é intransponível de um salto, nem basta a boa vontade para se encontrarem.

3.4. Comunidade psicológica

À medida que as pessoas aprofundaram a experiência em uma Equipe, o desejável é que as lideranças vão se aperfeiçoando. O objetivo inicial (aprender na escola, trabalhar no escritório etc.) continua tendo sua importância, sem dúvida. Só que se percebe a integração entre os interesses pessoais e *um grande interesse comum, maior que tudo*. É que pode surgir da experiência e da reflexão de todos um IDEAL, polarizando atividades e corações. Reúnem, então, esforços em um mesmo sentido, habilitando cada personagem da nova aventura para a renúncia consciente a qualquer coisa que pudesse opor-se à consecução desse novo e empolgante POR QUÊ para a vida.

Por isso mesmo, a tônica das pessoas verdadeiramente adultas é o TODOS, o UNIVERSAL, o BEM COMUM, o IDEAL. A consciência política vai-se aguçando, assim como a satisfação de estar presente onde as pessoas estão, lá onde homens e mulheres se encontram, onde as grandes decisões podem ser tomadas. O UNIVERSAL toma conta do grupo, uma motivação superior avassala todas as mentes. O BEM COMUM torna-se a explicação e o motor principal de todas as iniciativas, enquanto o grupo todo se projeta em conjunto, lança-se para a frente e para cima, como COMUNIDADE PSICOLÓGICA. Não se fala então de certo e errado, mas no que se crê como verdadeiro, justo, válido para todos e assumido por todos.

Muitos empreendimentos surgiram assim, brotaram como plantas novas que até hoje se conservam. Exemplo disso, no campo dos negócios, estão as empresas familiares, com lucros financeiros astronômicos[2]. No campo religioso, sobressaem as Ordens e Congregações Religiosas, fruto do entusiasmo de um pequeno grupo inicial, como os amigos fervorosos que se ligaram a Francisco de Assis e Clara, árvore fértil que atualmente esgalhou em forma de inúmeras Congregações Franciscanas. São exemplo ainda os estudantes universitários, companheiros de Inácio de Loyola, que chegaram à conclusão de tornar-se uma Ordem, a Companhia de Jesus. Assim também nasceram no século XVI as Congregações Marianas (hoje, na forma atualizada de CVX, Comunidades de Vida Cristã), espalhadas pelo mundo inteiro.

A bem da verdade e para fazer justiça, é forçoso remontar ao início da era cristã, lembrando o caso dos primeiros amigos e discípulos de Jesus, de cujo núcleo nasceu a Igreja Cristã e Católica, de que fala São Lucas nos Atos dos Apóstolos.

Vale a pena lembrar que o conceito de Comunidade sofreu altos e baixos. Por volta dos anos 50, havia um clima de desconfiança e resistência caso se falasse dela, como se fosse uma instância social perigosa e passível de suspeita. Após o Concílio Vaticano II, o conceito foi redimido e ganhou ares de cidadania e virtude

[2] Um levantamento feito pelo site *Visual Capitalist* divulgado recentemente apresentou os negócios familiares mais lucrativos em 2020. Das dez famílias mais ricas, os Estados Unidos possuem quatro, seguidos por França e Alemanha, empatados com duas... A família Walton é a mais rica, faturando 215 bilhões de dólares este ano com a empresa Walmart, do setor de serviços. A companhia está bem à frente da Mars, que possui uma receita de 120 bilhões de dólares e é proeminente na produção de bens de consumo. Em terceiro lugar está a Koch Industries, do grupo Koch. As três famílias são dos Estados Unidos... A partir da quarta posição, os lucros são equiparáveis e podem oscilar para mais ou para menos, ano a ano. A família Al Saud, da Arábia Saudita, lucrou 95 bilhões de dólares no setor industrial. Em quinto lugar está a família Ambani, da Reliance Industries, originária da Índia, que teve ganhos de 81,3 bilhões de dólares este ano (in Administradores.com).

nos meios eclesiais. Atualmente, porém, o termo Comunidade vulgarizou-se nos meios de comunicação como ninho de cobras e foco de maldade, com prejuízo dos muitos honestos cidadãos que ali conseguiram encontrar moradia. Isso pela deturpação das boas comunidades de bairro promovidas nos meios populares, principalmente nos morros do Rio de Janeiro pela infestação da bandidagem que nelas procurava esconderijo para suas bases criminosas. É tempo de novamente purificarmos o conceito e restabelecermos a ideia desse tipo excelente de convivência humana.

4. Pequenos e grandes grupos

A Dinâmica de Grupo é ciência necessária para garantirmos o bom funcionamento dos agrupamentos humanos. Nasceu da observação cuidadosa e paciente dos muitos acertos e erros nos mais variados grupos. É, em consequência, um arsenal de pistas e recomendações para que as pessoas, ao se encontrarem, seja lá por que, cheguem a resultados satisfatórios e saiam realmente felizes de suas reuniões.

4.1. Pequenos grupos

São grupos *primários*, de 8 a 12 pessoas, em que cada um conhece os demais e pode estabelecer com eles relações pessoais; coisa ainda mais fácil quando todos moram próximos ou juntos (quartel, convento, pensionato...), havendo ali possibilidade de troca de confidências.

Devem trabalhar em torno de uma ideia-força, bem na linha do que dizíamos sobre a Comunidade, unificando o grupo, como um tipo de esperança, de sonho a ser realizado, mesmo que de início não sejam tão claros. Os resultados devem ser duradouros.

Sete fenômenos são típicos e característicos desses grupos:

1. Interações diretas, não apenas verbais ou a distância.

2. Emergência de normas, que surgem aos poucos como seu código de valores.

3. Objetivos comuns, de que todos comungam, como cimento do grupo.

4. Emoções e sentimentos coletivos, resultado das situações que vão vivendo juntos.

5. Estrutura informal, forma de existir e de se organizar nem sempre consciente, conforme o fluxo da afetividade, da aceitação mútua, da liderança e até da formação de subgrupos como polos de conflito. Reflexo da vitalidade do grupo.

6. Inconsciente coletivo, com influências das vivências individuais anteriores sobre o conjunto.

7. Equilíbrio interno e externo com o Meio Ambiente, quando algum acontecimento externo venha abalar o grupo, procurando resistir e reconstruir o que for necessário.

Ao contrário dos Grupos *secundários*, de que falaremos mais adiante ao explicar os grandes grupos e que não têm essas características: suas relações são vagas e parciais, não vivenciadas na pele, com uma comunicação mais pelo "ouvi dizer", sem muita convicção.

Os pequenos grupos funcionam como organismos vivos (evoluem ou involuem). Não é impunemente que se desconhecem as leis de seu funcionamento interno.

As relações com o meio ambiente repercutem no comportamento de cada um de seus membros (p. ex. um grupo de escoteiros, altamente educativo a partir do contato com a natureza).

O grupo tem exigências nem sempre conscientes com seus participantes: a) tanto pela necessidade de aprovação dos outros b) quanto pela necessidade de sentir-se seguros naquilo que acham importante.

A presença de novos elementos (um estranho, um visitante, um novato) pede acolhimento e hospitalidade, ou uma ajuda, para que se entrosem e para que não ultrapassem os limites típicos do grupo. Caso contrário, vão sentir-se marginalizados.

A sociometria mostrará a importância relativa de cada elemento, assim como as "panelinhas" existentes e os papéis que cada um representa (listas curiosas têm sido criadas, comparando seu comportamento com o característico de certos animais: o bicho-preguiça, o leão etc.).

São inevitáveis **as tensões no grupo**: a divergência de opiniões, dentro de certos limites, pode ser até saudável. O importante é perceber se, por trás dela, esconde-se uma tensão afetiva, subconsciente e inconfessada. Essa é a origem dos "jogos psicológicos", relacionamentos destrutivos a que se refere a Análise Transacional. A insatisfação latente, ao amargurar a vida de um grupo, pode exprimir-se como um clima de ansiedade, em que a inibição e o constrangimento tomam conta do ambiente, ou como briga declarada entre os que pretendam dominar o grupo, ou como oposição disfarçada contra o líder, ou como irritação de fundo daqueles que se sentem frustrados por algum tipo de repressão. Há meios de lidar com isso e aliviar as tensões, sendo o principal recurso a abertura simples e a reflexão consciente sobre os fatos.

O poder do vínculo: quanto maior o conhecimento mútuo e a confiança, quanto mais comprometidos com os objetivos, melhor será a qualidade da adesão pessoal de cada um e o moral do conjunto. Pelo contrário, o grupo pode entrar em risco de desagregação se deixar entrar a desconfiança entre os membros, mais ainda se for do líder, ou se permitir o pessimismo sobre a consecução dos objetivos, se facilitar o aparecimento de panelinhas (subgrupos com interesses dissidentes), se permitir interferências indevidas de estranhos, se abrir espaço para agressões mútuas, se permitir a entrada de fofocas.

A participação é fundamental: ninguém cresce ou amadurece fora de um grupo. No "aqui-e-agora" das atividades, o indivíduo pode fazer, de maneira ótima, a experiência de suas atitudes crônicas, de sua inadaptação, ensaiar novos papéis e operar mudança salutar. Isso ocorre por meio de tomadas de consciência dentro do grupo, as quais facilitam a libertação de pensamentos e disposições inadequados, adquiridos no passado, em vista da vivência atual e promissora para o futuro. O confronto com os modos diferentes de pensar e agir dos outros, a descoberta de que também eles têm problemas, a percepção da imagem que os outros fazem da gente (para surpresa nossa, muitas vezes), a clarificação de nossas ideias por meio de colocações felizes e as dimensões mais exatas e objetivas das coisas, como vistas pelos demais, tudo isso influi em possíveis mudanças de nossa parte.

É necessária **alguma organização hierárquica e funcional**: sem a qual o grupo não subsiste. Quem diz que vestiu a camisa de uma agremiação significa que está assumindo oficialmente seus objetivos, seu modo de agir. Que, além disso, aceita o fato de existirem encarregados de exercerem determinadas funções ou determinados papéis em benefício do grupo, ou seja, que haja autoridades.

É básico entender-se autoridade como a *possibilidade de servir ao grupo*. Há muitos tipos de chefia ou autoridade (o herói, o narcisista, o super-homem, o patriarca, o sabe-tudo, o déspota, o camaleão ou ameba, o desligado, o irresponsável, o diplomata, o camarada, o metódico, o impulsivo, o carrasco e assim por diante). No entanto é possível resumir os principais tipos nos seguintes: o Despótico, o Democrático educativo, o Desligado (laissez-faire) e o Anárquico.

Critérios operacionais de decisão: tanto quem detém a autoridade como os demais membros do grupo precisam ter em mente alguns critérios de decisão, uma *Hierarquia de Prioridades*, que os ajude a resolver os casos que forem aparecendo. As resoluções precisam obedecer a uma ordem decrescente de importância, como segue, toda vez que houver conflito de interesses:

1. O *Urgente*, ou seja, aquilo que não pode esperar (um cano estourado na parede, um incêndio dentro de casa...).

2. O *Necessário*, isto é, aquilo que faz falta e sem o que não se pode viver bem, embora haja coisas de necessidade diversa, para mais ou para menos.

3. O Útil, aquilo que, embora não necessário (como um exaustor na cozinha), pode ajudar bastante a melhorar a vida.

4. O Apenas *Agradável*, nem mesmo útil, mas que honestamente se possa escolher, porque a vida não é feita só de coisas sérias (aliás, o prazer é também uma coisa séria no conjunto das necessidades humanas. Um exemplo poderia ser tomar um sorvete, após uma refeição completa).

5. O *Supérfluo*, o que não faz diferença alguma nos resultados (como um par de sapatos a mais, para quem já possui vários em bom estado).

Os grupos estão "em trabalho", quando estão vivendo suas atividades e realizando seus projetos. Estão "em processo", quando param, a fim de analisar a própria trajetória e tomar consciência de seu andamento, como em uma espécie de "balanço".

Circunstâncias favoráveis ao funcionamento: as reuniões precisam de local acolhedor, sem ruídos exagerados e com suficiente conforto. Se houver mesa (o que, muitas vezes, é preferível dispensar, porque pode estabelecer barreiras entre as pessoas), que seja oval ou redonda, pois facilita a vista de todos por todos (mesas compridas ou em U são as piores possíveis, embora comuns em reuniões de empresas).

É importante que os participantes saibam com antecipação a pauta da reunião, para que possam preparar-se convenientemente. Nos primeiros tempos dos encontros, é preciso saber aguardar o amadurecimento do grupo como grupo, mesmo que seus participantes tenham razoável maturidade pessoal. Só aos poucos se vai criando a confiança mútua, vão caindo as máscaras do status social de cada um (defesas iniciais), e surge o comprometimento aberto para uma cooperação sincera na discussão em pauta.

4.2. Grandes grupos

A diferença entre um elefante e um camundongo é fácil de se perceber. O tamanho é inteiramente desproporcional, assim como a diversa rapidez de movimentação de um e de outro. Ambos são animais quadrúpedes, mas o relacionamento com o ambiente é totalmente diferente. O elefante é sobranceiro, altivo, chegando a desafiar o rei dos animais. Anda a passos firmes, pesados, pachorrentos, em geral bastante lentos. Já o camundongo esconde-se no meio do mato e, quando dentro de casa ou em um paiol, corre arisco pelos cantos das paredes, furtivo e desconfiado.

A comparação pode parecer ridícula, mas serve para explicar a diferença entre grupos pequenos e grandes. Para quem ignora as leis que regem internamente os agrupamentos de pessoas pode parecer "cara de um focinho doutro", diferentes apenas no tamanho. No entanto há quilômetros de diversidade entre eles.

O **problema do desconhecimento**: Nos grandes grupos (mais de 12 pessoas...) ninguém conhece ninguém a fundo. Aí podem entrar apenas formas infelizes de relacionamento: *Rituais*, série de comportamentos repetitivos e formais; *Atividades*, meros encontros de trabalho em grupo; *Passatempos*, bate-papos intermináveis sem abertura e sem profundidade (de tudo isso fala a Análise Transacional), nos quais não acontece o mais importante: a *intimidade*, que é o ideal.

Onde estão os grandes grupos: grandes grupos se encontram hoje nos campos de futebol, nos salões de baile, nas praias, nas arruaças, nas invasões de terra, nos pátios de recreio dos colégios, nas ruas do centro das grandes cidades, nos trens e metrôs apinhados, nos supermercados e nas feiras livres, nos festivais de música popular, nas peregrinações (p. ex. no Santuário de Aparecida) e assim por diante. As pessoas ali se concentram, entrando e saindo sem se conhecer.

Tipos de grandes grupos:

Público: é um número mais ou menos grande de pessoas, que chegam a formar uma opinião, a partir de propostas feitas, seja por seus dirigentes seja pelos meios de comunicação. Tem certa unidade e apresenta-se com posicionamento bastante definido diante da sociedade em seu conjunto. Costuma-se dizer que há público para certo tipo de espetáculo ou para ler determinado jornal ou participar de certo partido político.

Multidão: é a reunião de muitas pessoas que, pelas circunstâncias favoráveis ao surgimento de emoções fortes, são levadas por opiniões contraditórias. Não há unidade, porque cada pessoa, ao receber informações e estímulos, segue de preferência sua própria cabeça. Não se pode contar com a multidão para construir coisa alguma. Procede como um monte de areia, cujos grãos estão desagregados entre si, como que à espera de algo que os deixe compactados.

Massa: é o conjunto de pessoas que, por força dos estímulos emocionais, deixa-se conduzir para um lado ou para outro, ao sabor de seus líderes. Pode chamar-se "massa de manobra", pelo fato de aceitar praticamente todo tipo de manipulação, como acontece com a massa de farinha que tanto pode ser colocada em uma forma retangular quanto em uma redonda, com ou sem furo e assim por diante. A massa não pensa, chegando facilmente a participar de linchamentos, quebra-quebras e outros tipos de arruaça. As pessoas implicadas vivem uma experiência de alienação, espécie de loucura coletiva, mesmo quando não chegam a atos de violência.

Como já pontuamos anteriormente, é muito oportuna e feliz a afirmação da Teologia, ao dizer que "a Graça supõe a Natureza, e a aperfeiçoa". Toda a realidade criada é fruto da cooperação entre Deus e suas criaturas, principalmente o ser humano, como sua obra-prima. Foi importante e necessária toda a reflexão até este ponto, para deixar bem claro quanto é imprescindível sermos gente, a fim de podermos entender e, melhor ainda, viver o Plano divino da Criação-Redenção. Deus não prescinde da parte que nos cabe, em seu projeto maravilhoso de nos fazer felizes, o que é o mesmo que de nos salvar. Vamos aprofundar essas coisas daqui para diante.

III

O PROCESSO DIVINO E O CRESCIMENTO NA FÉ

1. O crescimento na fé

1.1. Sobre a virtude da fé

a) O fundamento

Acreditamos em muitas coisas: que nascemos em tal cidade, que aquelas pessoas são nosso pai e nossa mãe, que nosso nome é esse mesmo, que fomos batizados e que foi em tal igreja, que a professora, o médico, o motorista do ônibus e tantos outros são pessoas qualificadas para fazer o que estão fazendo. Confiamos nelas e nos deixamos levar, porque confiamos, porque acreditamos. E assim temos fé em muitíssimas outras coisas.

Aí nós crescemos e, depois de algumas decepções por nos terem enganado em vários casos, começamos a desconfiar, isto é, a não acreditar tanto. Não queremos fazer papel de bobo. Ora, nada demais que tenhamos acreditado desde pequenos, até foi um grande benefício, porque não precisamos mais inventar a roda ou redescobrir a América, e assim por diante.

Nossa mente tem como que um "departamento parental", verdadeiro gravador, que foi e ainda continua retendo informações sobre infinitas coisas: como se segura um talher para comer, o que é bom e o que não presta, o que pode e o que não pode e assim por diante. Acreditamos em tudo isso, ingenuamente às vezes, até que façamos uma pergunta honesta a nós mesmos: "Será que é válido isso que me ensinaram, isso que li naquele livro, ou aquilo a que assisti no filme da televisão?"

Entra nesse momento um novo departamento: nossa "capacidade adulta", que vai examinar criticamente os dados em questão, para verificar se são razoáveis, verdadeiros, justos, ou mesmo se são para nós hoje, dentro de nossa realidade pessoal. Aceitamos, a partir de então, essas verdades, porque passaram pela peneira da crítica. Podemos então, continuar acreditando, mesmo que não tenhamos ainda a evidência, porque esta só vem quando podemos tocar com as mãos ou perceber claramente com nossos olhos.

O problema acontece quando nossa "parte criança" – que só sente e só se interessa pelo que gosta ou não gosta, mas não pensa – interfere sutilmente no que foi ensinado, distorcendo as coisas e "contaminando" o entendimento. Aí fica difícil continuar acreditando que exista Deus, aquele velho de barbas brancas, sentado em uma nuvem e tocando harpa, cercado por anjinhos. Nossos problemas de fé podem ter começado com o despertar da consciência crítica (muito importante aliás) nos anos da adolescência. Nada que não se resolva com uma boa orientação e honesta busca da verdade.

> Naturalmente, o homem moderno, no que concerne a certas características essenciais, como a de ser dotado de corpo e vida, inteligência, cultura e linguagem, não se pode distinguir do homem das épocas precedentes, justamente por se tratar de características essenciais. No que toca a outras características, todavia, julgamos que a diferença é muito clara. Dentre as muitas características encontradas pelos estudiosos no homem moderno, as mais significativas são: mutabilidade, antidogmatismo, liberdade, secularização, pragmatismo, historicidade, antimetafisicismo, desorientação, alienação e opressão, contestação, perversão e frustração[1].

[1] MONDIN, Battista, Antropologia teológica, História, Problemas e Perspectivas, p. 46.

Antes de mais nada, porém, é importante colocarmos de novo o fato de que na vida diária estamos sempre vivendo atos de fé. *Fé humana*, diríamos, porque acreditamos em uma centena de coisas. Acreditamos que aquele casal que nos criou é de fato nosso pai e nossa mãe; nem basta que nos mostrem o registro civil ou a certidão do batismo, porque, ao nascermos, não tínhamos competência para tomar consciência do que estava acontecendo. Acreditamos que o ônibus que traz indicação de determinado endereço realmente vai nos conduzir para lá. Parece-nos ridículo que, no supermercado, levemos à balança aquele pacotinho branco com rótulo de "Açúcar", para verificar se realmente pesa um quilo, nem o abrimos para ter certeza de que não é talvez pó de mármore ou qualquer outra coisa.

Temos fé na grandíssima maioria das situações, ou seja, confiamos nas pessoas e nas instituições. Desconfiar por princípio seria viver uma patologia, a paranoia, suspeitando o tempo todo da má vontade e da má intenção dos que nos cercam. Ter fé é condição para uma vida normal, que nos habilita à convivência feliz com os demais.

É bem verdade que muitas coisas nos aparecem como misteriosas. Ora, em "sentido amplo", é mistério tudo aquilo que nunca nos explicaram, ou o que ainda não foi bem estudado por nós ou por outros. O próprio corpo humano era, em outros tempos, um grande mistério, chegando as pessoas a pensar, por exemplo, que a vida estava no sangue[2]. Há, porém, coisas que são mistério no "sentido estrito", porque ultrapassam toda a nossa presente capacidade de entender.

Entendemos muitas coisas, muitas outras só depois que tivermos ou idade para tanto ou as explicações necessárias; e ainda

---

[2] A medicina é tão antiga quanto os seres humanos, porque desde sempre precisaram cuidar da própria saúde. Historicamente se conhece já entre os Babilônios, ainda como tarefa dos sacerdotes, por acharem que a doença era castigo dos deuses. O começo histórico se deve ao grego Hipócrates, que estudou criticamente os sintomas e a evolução das doenças. Quinhentos anos depois, Galeno em Roma escreveu cerca de 70 livros sobre a relação entre os humanos e o ambiente e sua influência na saúde. A medicina veio progredindo através dos tempos, devido à evolução das tecnologias.

outras, que são impossíveis de compreender em nossa situação atual, como existir um Deus único em três Pessoas, ou como Deus pode tornar-se verdadeiramente humano (encarnar-se) sem deixar de ser perfeitamente Deus, ou como Jesus pode estar realmente presente na Eucaristia, vivo e verdadeiro, com seu corpo, sangue e sua divindade.

Com efeito, a *Fé* religiosa passa pelos mesmos caminhos, que a fé humana. Há pontos que nos escapam inteiramente do entendimento, talvez por falta de informação catequética ou aprofundamento.

Três perguntas, por exemplo, são feitas a quem reza. A primeira: *Deus escuta sua oração?* Como saber, se não ouvimos respostas, se não o vemos, se parecemos estar falando no vazio ou diante de uma parede?

> Crer ou não crer: esse é o problema. Olhando a geografia da fé, tem-se a impressão de que há mares de ateísmo e ilhas de fé ou vice-versa. Olhando a história da fé parece que há épocas de muita fé e pouco ateísmo e, outras, de muita incredulidade e escassez de fé. Isto é a superfície do problema. Na verdade, fé e ateísmo serão sempre a realidade de toda a humanidade em todas as coordenadas do tempo e espaço. Mais. Dentro da própria realidade do mesmo homem, existem um crente e um ateu. No ateu, o crente é o eterno pesadelo. No crente, o ateísmo é a eterna tentação. A tentação do ateísmo faz-se realidade no seio da mais profunda religiosidade, em que nunca poderíamos supor tal ameaça.
>
> A experiência dos santos pode ajudar-nos a perceber tal dimensão da vida. Ninguém, como Santa Teresinha do Menino Jesus, poderia considerar-se isenta da tentação do ateísmo.
>
> Não necessitamos sair de nós mesmos, para constatar tal realidade. Quantas vezes assalta-nos a dúvida: se tudo isto em que cremos não passa de criação da fantasia humana? Se a eternidade não é outra coisa que o sonho imaginário do coração humano sofredor? Deus, céu, inferno, tudo isso não seria fruto de uma humanidade inculta, pré-científica, ingênua? Nós, homens do século das ciências e da técnica, podemos ainda crer em todo esse legado que nos foi transmitido por gerações crédulas, simples, desprovidas dos recursos críticos modernos? Às vezes, sentimo-nos cansados de crer e ser "bons[3].

---

[3] LIBANIO, J.B., O eterno problema da fé, p. 11-12.

Conta-se que, certo dia, um homem foi à barbearia para cortar o cabelo e, na conversa com o babeiro, começou a falar de Deus. O barbeiro lhe disse: *Eu não acredito que Deus exista. Sabe por quê? Basta sair à rua para entender isso. Se ele existisse não haveria tantos doentes, abandonados e tanta gente sofrendo no mundo todo.* O cliente, querendo evitar uma discussão, nada lhe falou na hora, mas, ao sair à rua, topou com um homem de cabelo e barba muito compridos. Voltou ao barbeiro e lhe disse: *Sabe uma coisa? Barbeiros não existem!* E o barbeiro protestou: *Ora, como não existem, eu estou aqui!* E o cliente: *Não existem, não, pois, se existissem, não haveria gente com cabelos e barba tão grandes por aí!* E o barbeiro: *Ora, é que essas pessoas não vêm aqui para cortar.* E o cliente, mais uma vez: *Exatamente! Esse é o ponto. Deus existe, o que falta é que muitas pessoas não vão até ele. Não o procuram, por isso há tanta miséria e tanta dor.*

A segunda pergunta: *Deus atende sua oração?* Afinal de contas, o resultado nem sempre é imediato, nem sempre palpável. Deus não é comerciante, que deva entregar o que lhe pedimos pelo fato de lhe termos feito o "pagamento" de nossas preces. Nem é máquina ou "caixa automático" de banco, que deva apresentar o resultado pelo toque das teclas de nosso controle. Porque, nesse caso, nós é que estaríamos sendo Deus.

A terceira pergunta que fica então: *Como rezar afinal?* A resposta, simples e segura: rezar como Jesus rezou. Essa forma de oração Ele ensinou aos discípulos: "Pai nosso...". Não era uma "fórmula de oração vocal", como tantas outras que conhecemos na vida ritual da Igreja, mas o "repertório" ou a síntese dos assuntos que costumava tratar dia e noite com o Pai do Céu. É oferta de intermináveis conversas com Deus, material abundante de critérios para renovação e crescimento espiritual.

> Como luz que é, a fé convida-nos a penetrar nela, a explorar sempre mais o horizonte que ilumina, para conhecer melhor o que amamos. Desse desejo nasce a teologia cristã; assim, é claro que a teologia é

impossível sem a fé e pertence ao próprio movimento da fé, que procura a compreensão mais profunda da autorrevelação de Deus, culminada no Mistério de Cristo. A primeira consequência é que, na teologia, não se verifica apenas um esforço da razão para perscrutar e conhecer, como nas ciências experimentais. Deus não pode ser reduzido a objeto; Ele é Sujeito que se dá a conhecer e se manifesta na relação pessoa a pessoa. A fé reta orienta a razão para se abrir à luz que vem de Deus, a fim de que ela, guiada pelo amor à verdade, possa conhecer Deus de forma mais profunda. Os grandes doutores e teólogos medievais declararam que a teologia, enquanto ciência da fé, é uma participação no conhecimento que Deus tem de si mesmo. Por isso a teologia não é apenas palavra sobre Deus, mas, antes de tudo, acolhimento e busca de uma compreensão mais profunda da Palavra que Deus nos dirige: palavra que Deus pronuncia sobre si mesmo, porque é um diálogo eterno de comunhão, no âmbito do qual é admitido o homem[4].

b) Obstáculos ao ato de fé

Há, porém, obstáculos ao ato de fé. São numerosos aliás, porque nosso psiquismo nem sempre está suficientemente amadurecido e resolvido. Vamos lembrar alguns deles.

Uma *personalidade malformada*, mal-amada e, por consequência, sempre armada e defensiva terá muita dificuldade de abandonar-se aos demais na confiança, inclusive e ainda mais com esse Deus misterioso e invisível.

Os *maus hábitos* de vida e comportamento, ligados aos barzinhos, à bebida e à prostituição são outros tantos problemas para algo tão interior e sério quanto é a experiência do encontro com o Senhor da vida. Afinal, quem não vive como pensa (se é que pensa) acaba pensando do jeito que vive. Uma liberdade sem medidas e sem respeito ao bom senso está nessa mesma linha.

Preconceitos são outro impedimento, porque supõem autossuficiência, orgulho que não se dobra diante de quem quer que seja, falta de flexibilidade mental, dificuldade de adaptação à realidade que está diante dos olhos. Entra aí um agnosticismo disfarçado, segundo o qual, do alto de uma suposta visão filosófica da vida, tanto faz se existe ou não existe um Deus.

---

[4] PAPA FRANCISCO, Lumen Fidei, n. 36.

Desencantos afetivos costumam criar problemas, não apenas entre casais, mas também nos desentendimentos entre professores e alunos, patrões e empregados, superiores religiosos e comunidades, pastores e fiéis.

Na linha do "social", *muitos se revoltam* contra esse "Deus injusto", que permite o sofrimento de tantas pessoas inocentes, não apenas nas guerras e nos cataclismos da natureza, mas mesmo nos acidentes urbanos, no desemprego e tantas outras situações de dor.

Consciências pesadas com lembrança de falhas no comportamento, alimentando sentimento de culpa, dificultam a abertura para a fé, principalmente porque a pessoa pode estar ignorando a misericórdia de Deus.

Certa noção de que ser cristão implica *compromisso*, acarretando a obrigação de cumprir mandamentos, tira da acomodação egoísta de pensar apenas nos próprios proveitos, aparece como algo que funciona como desmancha prazeres.

Contratestemunhos reais ou imaginários, de pessoas religiosas, de líderes leigos ou eclesiásticos, chocam as pessoas sem base doutrinária suficiente e sem uma fé amadurecida. Escandalizadas e confundindo santos com pecadores, concluem que não é sério o que a Igreja propõe como verdade revelada, que não vale a pena seguir tal caminho, provavelmente desonesto, se os líderes dão mau exemplo.

O escândalo, diante *dos "mistérios"* sobre o mundo do sobrenatural, desperta sentimento de rebeldia na parte "criança" que existe naturalmente em todas as pessoas, não suportando ser "obrigadas" a aceitar com humildade (isto é, com bom senso) aquilo que escapa de seu controle mais ou menos matemático. Se não podem verificar as verdades da fé, do mesmo jeito que entendem que 2+2=4, não admitem e não aceitam.

O *"script" trágico de Jesus Cristo*, que, embora apresentado como o Bom Mestre, ensinou e curou a tantos, teve de passar por tantos sofrimentos, acabando pregado em uma cruz, constituindo assim o maior escândalo da história. Que religião é essa que propõe tal caminho e fé aparentemente tão absurda?

Chegamos assim ao maior de todos os escândalos e impedimentos à aceitação da fé, o clássico *"problema do Mal"*.

c) Deus e o Problema do Mal

Esse problema clássico pode ser expresso no seguinte dilema, bastante constrangedor para a grande maioria:

– Se Deus quer evitar o mal e não pode, não seria Onipotente, nem seria Deus.

– Se pode e não quer, então não seria Bom e, novamente, não seria Deus.

Pensando inicialmente sob aspecto mais filosófico, Deus, para ser Deus, deve ser infinitamente Perfeito e Bom. Só não pode fazer o que é absurdo, como, por exemplo, fazer um triângulo quadrado ou terminar algo antes começá-lo, e assim por diante. Deus só sabe fazer o Bem. Se cria alguma coisa, cria por amor. Resultado, tudo o que é criado é bom. Em especial o ser humano, criado a sua imagem e semelhança. É "imagem", porque segue o protótipo, o Verbo eterno, segundo o qual foi feito. É "semelhança" porque na semelhança coopera com o Deus, que age tudo em todos. O mundo real, que nos cerca, vale a pena, pois, como Deus cria as criaturas para o bem delas mesmas, logicamente deve ter preparado uma compensação boa para seus limites e sofrimentos.

Deus, pura perfeição, Amor substancial (1Jo 4,16) e inteiramente livre, quis reproduzir fora de sua intimidade trinitária "algo", daquilo que é Ele mesmo. Criou então o universo, onde este não existia (como tal era simplesmente Caos ou Nada), criou-o no íntimo da Trindade, em seu Coração (e de lá nunca mais o tirou). Criou-o gradualmente, sem pressa, através de bilhões de anos, a fim de chegar a sua obra-prima, o Ser Humano, capaz de liberdade e expressão de seu amor.

O Homem foi criado para amar, aprendendo a fazê-lo por meio de etapas progressivas, vivendo a experiência do Tempo, pelo fato de ser "matéria". O ato criador foi a criação da energia, a Luz (Gn 1,1), que, pela Entropia, foi-se degradando até tornar-se matéria, a qual foi evoluindo, passando pelo aparecimento da Vida, até chegar ao Homem. O ato final seria a assunção desse Homem no abraço divino, já fora do Tempo, como consumação da obra divina (a Glória eterna).

Se Deus o criasse pronto, o Ser Humano não teria feito a experiência do uso da Liberdade, que teria sido inútil; o Homem não passaria de um robô. Teria de ser, portanto, capaz de acertar com o Bem, a sua maneira de criatura, tornando-se assim, livremente, "semelhança" do Criador. Por isso mesmo, poderia errar.

E, na realidade, todos erramos muitas vezes, aprendendo mais ou menos penosamente a nos equilibrar no Bem e na Bondade, à luz da Verdade ou do Bom Senso, supremo critério do agir. Daí que o sofrimento é o resultado nem sempre evitável de nossos erros, pois são, na maioria dos casos, fruto de nossa ignorância. Nem sempre evitável, porque é preciso contar com a surpresa dos acidentes da natureza e com a imprudência e a maldade dos outros seres humanos.

> Chegamos assim ao núcleo do "quer, mas não pode". *A priori*, e ainda nos mantendo todavia em nível não de fé estrita, mas de "teologia natural", convém desde logo afirmar que, se Deus cria o mundo sabendo todo o mal que ele necessariamente comporta, é porque, definitivamente, vale a pena. Deus, como Absoluto, não necessita de nada; o egoísmo está intrinsecamente excluído de sua atuação. Se cria, só pode fazê-lo para o bem da criatura; isto supõe a impossibilidade de que o mal tenha a última palavra. Em nível racional, dificilmente se pode avançar mais. Mas o avanço não é pouco, e pode mudar tudo [...] Se Deus cria, não pode criar-se a si próprio: tem de criar um mundo finito. Mas, se o mundo é finito, comporta necessariamente o mal; ao conceito de mundo finito pertence na história a presença do mal. Neste sentido, *se Deus se decide criar*, "não pode" evitar tal presença (como "não pode" fazer um círculo quadrado). Pois bem, se ele se decide, só pode fazê-lo por amor à criatura e só o bem pode

querer para ela. Isso significa que a existência vale a pena para ela e que, portanto, o mal não pode destruí-la: o mal é impedimento, mas não definitivo[5].

Pensando agora sob o aspecto mais teológico, topamos primeiro com a visão, ainda obscurecida, do "mistério" de que fala São Paulo na Carta aos Efésios (1,1)[6] e aos Romanos (16,25-26). É apresentada no Primeiro Testamento a luta constante do ser humano com o mistério do mal (Gn 1–11). O povo perguntava a si mesmo qual a causa do mal: seria Deus? Ou seria o pecado? É verdade que Deus aparece sempre ao lado do ser humano, como libertador, curando todos os males (ver Jó e o Salmo 86).

Mais ainda, assume o sofrimento humano, não apenas "a cruz de cada dia", quinhão de todos nós, mas a própria Cruz e a Morte; não para por aí, porque todo o seu empenho conduz à Ressurreição. A última palavra de Deus não é o mal e a morte, mas a esperança e a vida. *Algo muito precioso há de ser a compensação prevista por Deus, para que tolere o sofrimento e qualquer outro mal entre os seres humanos:* "Penso, com efeito, que os sofrimentos do tempo presente não têm proporção com a glória que há de revelar-se em nós (Rm 8,18). Só Deus tem a visão de conjunto do Plano ou Projeto da Criação-Redenção-Glorificação. Para os seres humanos só a fé explica cabalmente e satisfaz como solução o grave e incômodo problema do mal.

d) O mistério da cruz

Cruz é o oposto do bem-estar, é desconforto, é qualquer tipo de dor (corpo) e sofrimento (mente e espírito). Pode vir de dentro de nós, por disfunções do organismo, como doenças de qualquer tipo, e por infecções ou contaminações vindas de fora; ou por condução inadequada de nossa vida mental, especialmente pelo mau uso do pensamento, com suas consequências naturais de emoções

---

[5] QUEIRUGA, Andrés Torres, Creio em Deus Pai, p. 137.

[6] Ver Apêndice.

desordenadas[7]. Curiosa e felizmente, a cruz nos leva a entrar em contato com nossos limites pessoais em todos os níveis, com nosso cansaço, nossas fraquezas, nossas dependências; faz-nos o benefício de nos interiorizar, de cairmos na conta da verdade do que nós somos, por mais desagradável que isso seja.

Sob o aspecto religioso e cristão, o supradito escândalo do Mal se apresenta como a experiência da Cruz. É o Mal sob medida, para nosso caso pessoal. Pois bem, Jesus a coloca como condição fundamental para seu seguimento. *Aquele que não toma sua cruz e não me segue não é digno de mim* (Mt 10,38). E isso, portanto, não apenas para sermos "cristãos", mas simplesmente para sermos gente. Foi justamente para isso que o Verbo divino se fez um de nós, para que aprendêssemos a ser *gente*, como estágio preparatório para a ressurreição, desde o início a intenção do Criador. A ação salvadora sempre foi indistintamente para todos, para sermos verdadeiramente humanos.

A cruz básica é a cruz nossa de cada dia. *Dizia ele (Jesus) a todos: "Se alguém quer vir após mim, renuncie a si mesmo, tome sua cruz cada dia e siga-me* (Lc 9,23). Isso é tão necessário, que ele acrescentava: *Pois aquele que quiser salvar sua vida a perderá; mas o que perder sua vida, por causa de mim, salvá*-la-á (9,24).

Assumir a cruz não é buscar dor e sofrimento, pois isso seria masoquismo, uma patologia, mas aceitar a realidade complexa, complicada e, muitas vezes, inevitável de sermos criaturas. *Aceitar*, aliás, é simplesmente sermos dóceis à verdade: *Conhecereis a verdade, e a verdade vos libertará* (Jo 8,32). Nem por isso precisamos *concordar* com o que acontece como inconveniente e prejudicial. O razoável, então, será tomarmos as providências cabíveis para superar aqueles males e trazer desde já nossa vida, o mais possível, ao nível da saúde e da alegria, como amostra grátis da bem-aventurança futura.

[7] Recordar aqui a Regra básica dos "Três gestos".

A sabedoria ensina que é melhor prevenir do que remediar. A atitude prudente, necessária a cada ser humano para prevenir dores e sofrimentos, é a da Liberdade Interior[8], colocada por Santo Inácio como peça fundamental dos Exercícios Espirituais sob o nome de "Indiferença". Ou seja, desprendimento, equilíbrio, bom senso ou humildade são todos sinônimos. À luz do "único necessário", eis duas perguntas práticas a respeito: de que eu não abro mão? De que eu faço questão?

É esse também o sentido autêntico da *Paciência*, cujo segredo é justamente a aceitação sincera e coerente das realidades desagradáveis. Ou, ainda, é a decisão de amar a verdade das coisas e dos acontecimentos, mesmo quando nos incomodem, doam-nos ou nos façam sofrer. A cruz nossa de cada dia é martírio suficiente para nos levar à santidade, pois o martírio de sangue é, sem dúvida, mais raro de acontecer.

e) O fenômeno da fé

A definição antiga, tomando a fé religiosa simplesmente como "acreditar em verdades", está superada por uma concepção mais totalizante e existencial. A fé é fenômeno humano-divino. Pode dizer-se, um Diálogo, o diálogo por excelência. Deus quer comunicar-se desde sempre com os seres criados, podendo comunicar aos irracionais apenas existência e vida biológicas.

> Como luz que é, a fé convida-nos a penetrar nela, a explorar sempre mais o horizonte que ilumina, para conhecer melhor o que amamos. Desse desejo nasce a teologia cristã; assim, é claro que a teologia é impossível sem a fé e pertence ao próprio movimento da fé, que procura a compreensão mais profunda da autorrevelação de Deus, culminada no Mistério de Cristo. A primeira consequência é que, na teologia, não se verifica apenas um esforço da razão para perscrutar e conhecer, como nas ciências experimentais. Deus não pode ser reduzido a objeto; Ele é Sujeito que se dá a conhecer e manifesta na relação pessoa a pessoa. A fé reta orienta a razão para se abrir à luz que vem de Deus, a fim de que ela, guiada pelo amor à verdade,

[8] Podemos aprofundar a reflexão com meu livro "O Caminho da Liberdade Interior", Ed. Loyola.

> possa conhecer Deus de forma mais profunda. Os grandes doutores e teólogos medievais declararam que a teologia, enquanto ciência da fé, é uma participação no conhecimento que Deus tem de si mesmo. Por isso, a teologia não é apenas palavra sobre Deus, mas, antes de tudo, acolhimento e busca de uma compreensão mais profunda da palavra que Deus nos dirige: palavra que Deus pronuncia sobre si mesmo, porque é um diálogo eterno de comunhão, no âmbito do qual é admitido o homem[9].

Aos que ele fez capazes de inteligência e liberdade quer comunicar-se como Pessoa para pessoas, quer falar de si e do homem, de seus desejos e suas vontades, que, aliás, coincidem com as mais legítimas tendências de nossa natureza. Nessa comunicação tem ele a iniciativa, oferecendo-se a si mesmo com toda a sua Verdade, Justiça, Amor e Vida. Por isso se diz que a Fé é Dom. Contudo o que é oferecido é Deus mesmo e, simultaneamente, o encontro, a oportunidade de entabular a mais íntima relação com ele.

A parte de Deus é, portanto, adiantar-se ao encontro do homem, como o mais capaz, o mais rico, o mais forte, o mais amoroso, o mais responsável, o mais misericordioso. Ele espera do homem a correspondência, a resposta, o retorno, a aproximação; tudo isso pode estar matizado desde as cores mais escuras até as mais esperançosas e prontas, tendo em vista o mistério absoluto de Deus e, desconcertantemente, o mistério da liberdade humana.

> O que chega a ser objeto do nosso conhecimento torna-se por isso mesmo parte da nossa vida. A recomendação conhece-te a ti mesmo estava esculpida no dintel do templo de Delfos, para testemunhar uma verdade básica que deve ser assumida como regra mínima para todo homem que deseje distinguir-se, no meio da criação inteira, pela sua qualificação de "homem", ou seja, enquanto "conhecedor de si mesmo". Aliás, basta um simples olhar pela história antiga para ver com toda a clareza como surgiram simultaneamente, em diversas partes da terra animadas por culturas diferentes, as questões fundamentais que caracterizam o percurso da existência humana: Quem sou eu? Donde venho e para onde vou? Por que existe o mal? O que é que existirá depois desta vida? Essas perguntas encontram-se nos escritos sagrados de Israel, mas aparecem também nos Vedas e no

[9] PAPA FRANCISCO, Lumen Fidei, n. 36.

> Avestá; achamo-las tanto nos escritos de Confúcio e Lao-Tze, como na pregação de Tirtankara e de Buda; e assomam ainda quer nos poemas de Homero e nas tragédias de Eurípides e Sófocles, quer nos tratados filosóficos de Platão e Aristóteles. São questões que têm a sua fonte comum naquela exigência de sentido que, desde sempre, urge no coração do homem: da resposta a tais perguntas depende efetivamente a orientação que se imprime à existência[10].

Assim, a primeira resposta humana para a vivência da fé é quase sempre tirar os impedimentos ao diálogo vivencial com Deus. São problemas das mais variadas espécies, como vimos anteriormente, ao considerar os obstáculos à fé. Depois, desimpedida, buscar o encontro com Deus, encontro gradativo, busca, muitas vezes penosa de uma vida inteira, até o encontro definitivo da visão beatífica no céu.

Pode ajudar à compreensão disso a situação do homem perdido sob a copa cerrada de uma floresta virgem, aonde não chegam os raios do sol, que lá em cima dardeja. Embaixo, tiritante e desconfiado, o homem sente frio, medo e insegurança por estar sem rumo e sem visão do caminho. À medida que consegue desbastar os galhos, o sol vai conseguindo penetrar e começa a iluminar seu trabalho, até a formação de uma clareira.

A maturação na fé individual segue a *analogia das idades em evolução*. As fases se sucedem uma após a outra, valendo igualmente para o caso a afirmação "natura non facit saltus", a natureza não dá saltos, não queima etapas.

Duas analogias podem ajudar a compreensão dessa sequência. Uma primeira é a da evolução da vida humana, desde a gestação e o nascimento até o crescimento pelas várias idades cronológicas e a maturidade. Outra, talvez mais oportuna, é a do apaixonamento. Duas pessoas podem até conhecer-se por motivo de trabalho, de encontros ocasionais no clube, na igreja ou na condução. Nem sempre o interesse surge à primeira vista. No entanto há um momento em que brota com força a atração, como

[10] SÃO JOÃO PAULO II, Encíclica Fides et Ratio, 1.

exigência inevitável, seguindo-se possivelmente a declaração de amor, o "contrato" de namoro, o noivado e o casamento.

É verdade, porém, que essas analogias não condicionam nem obrigam a passagem de uma fase para outra de crescimento no caso da fé, como que de acordo com um calendário cronológico. Os contornos são esbatidos na concretização existencial de cada fase, havendo certa margem de flutuação nessa passagem. No processo da fé, inclusive, não há apenas evolução para mais; há também, eventualmente involução, para menos, à medida que se reafirmem ou não as condições próprias de uma fase anterior.

f) Constitutivos do ser humano

O "sujeito" do ato de fé é um ser complexo. Em sua complexidade de Corpo, Mente e Espírito, é que vai viver ou não o encontro da Fé com o Senhor da Vida. Por isso convém trazermos aqui, mais uma vez[11], uma breve descrição desses componentes essenciais da pessoa humana.

O CORPO é o elemento histórico, nosso meio de comunicação, nossa dimensão horizontal. É o Homem todo, enquanto capaz do uso dos 5 sentidos, da "experiência do concreto". É exterioridade: nosso lado de fora, a superfície de nossa pessoa, nossa posição com relação aos outros, como quem fica à janela de casa, olhando para fora.

A MENTE é o elemento psíquico, a capacidade de percepção, a dimensão de profundidade. É também o Homem todo, enquanto interioridade (da janela de nossa casa para dentro). Estão aí nossos pensamentos e nossa reflexão, nossa capacidade de crítica ou discernimento entre o que é bom e o que prejudica, nossa capacidade de imaginar e construir mentalmente.

O ESPÍRITO é também o Homem todo, enquanto busca o "algo mais", ou seja, a transcendência, a dimensão para o alto, para

---

[11] Ver uma explicação mais completa em meu livro "Paixão pela Vida, dos Valores ao VALOR", Loyola.

o "mais", a realização plena, como autotranscedência. É nossa dimensão vertical. Inclui o relacionamento com o "sagrado", isto é, com o sentido ulterior que encontramos nas coisas simples, como aquele perfume comprado na loja (até então objeto de transação comercial) e que se transforma em "presente" de aniversário para a pessoa querida. Inclui especialmente o sentido último da vida e das coisas, com o divino e com o mistério.

g) Fé Teológica e Fé Teologal

É possível e conveniente uma distinção entre esses dois aspectos da fé em relação à Teologia, conforme sejam considerados sob o aspecto acadêmico ou no viés pessoal, vivencial. Duas faces da mesma moeda, portanto.

> Toda teologia se constrói a partir de dois lugares: o lugar da fé e o lugar da realidade social dentro da qual se vive a fé. O lugar da fé é dado, o lugar da realidade social deve ser identificado. Os Pais da fé, nos primeiros séculos, diziam que a teologia possui dois olhos: um à frente e outro atrás (*theologia ante et retro oculata*). Com o olho atrás, ela olha para o passado, em que irrompeu historicamente a presença salvadora definitiva de Deus, mira as Escrituras cristãs, os textos primordiais que definiram o credo da comunidade eclesial nos concílios ecumênicos, os testemunhos dos santos, dos doutores, a tradição do Povo de Deus. Com o olho à frente, olha para o presente, detecta os desafios que a realidade sócio-histórica coloca e se preocupa em articular fé e vida, amor de Deus com amor político, esperanças humanas com as promessas divinas. A produção teológica é boa quando consegue expressar a verdade da fé vislumbrada pelo olho atrás, de tal forma que produza um sentido existencial e social ao presente visualizado pelo olho à frente. Só então estamos certos de que não vemos a realidade (da fé e nossa hoje) vesgamente, mas com a adequação produzida pelos dois olhos. Cada um dos lugares possui problemas específicos que conviria conscientizar[12].

A Fé Teológica é a Fé pensada. É a doutrina, como exposta nos livros, especialmente como é explicada nas faculdades e vem enriquecendo as bibliotecas. Tem certo ar de sofisticação e de

[12] BOFF, Leonardo, A Fé na periferia do Mundo, p. 7.

refinamento, necessários para reproduzir a reflexão dos estudiosos e pesquisadores, desde os Santos Padres da Igreja até e principalmente em nossos dias, porque, de maneira privilegiada, vem crescendo o interesse pelo conhecimento dos mistérios divinos e pelo aprofundamento das Sagradas Escrituras.

Ao estudar as Escrituras, chama-se *Exegese*, procura descobrir o sentido autêntico da Palavra de Deus. Apoia-se para isso nas línguas originais, o hebraico, o aramaico, o sânscrito, o grego e o latim. Percorre à luz da *História*, a caminhada do Povo de Deus, no Primeiro e no Novo Testamentos, com seus altos e baixos, incluindo os Concílios, as heresias, o desenvolvimento das missões.

Chama-se Teologia *Sistemática*, quando, junto com todas as ciências naturais, abrange tudo que já foi refletido e estudado nos séculos anteriores sobre Cristologia, Trindade, Antropologia, Igreja, Escatologia, Ecologia e assim por diante. É *dogmática*, enquanto expõe o Credo dos Apóstolos, os Símbolos da Fé, a moral e as questões disputadas entre os especialistas.

> Crer é confiar com toda a liberdade e com alegria no desígnio providencial de Deus na história, como fez o patriarca Abraão, como fez Maria de Nazaré. A fé, então, é um consentimento com o qual a nossa mente e o nosso coração dizem o seu "sim" a Deus, confessando que Jesus é o Senhor. E esse "sim" transforma a vida, abre a estrada para uma plenitude de significado, torna-a nova, rica de alegria e de esperança confiável[13].

O outro aspecto a que aludimos, a *Fé Teologal*, debruça-se sobre o fenômeno interno, a repercussão pessoal do encontro com Deus. É vivência, não teoria. É experiência íntima, sem ser misticismo ou fantasia nascida de alguma patologia mental.

> Os sentidos seduzem-nos pelas belezas criadas; a fé pensa na beleza incriada e compadece-se de todas as criaturas, que são um nada e uma poeira ao lado dessa beleza. Os sentidos têm horror à dor; a fé bendi-la como a coroa do matrimônio que a une ao seu Bem-amado, a caminhada com o Esposo, a mão na sua mão divina. Os sentidos

[13] Papa Bento XVI, Catequese na Audiência Geral, 24/10/2012.

> revoltam-se contra a injúria; a fé abençoa-a: "Abençoai os que vos maldizem" (Lc 6,28) [...], achando-a doce porque significa partilhar o destino de Jesus. [...] Os sentidos são curiosos; a fé nada quer conhecer: anseia por ser sepultada e quereria passar toda a sua vida imóvel ao pé do tabernáculo[14].

1.2. A fé na história do mundo

Cerca de 1800 anos antes de Cristo, *Abrão*, filho de Taré, é chamado por uma voz interior do Deus El, o Todo-poderoso, o Benevolente, o Criador, o Pai: *Sai da tua terra, da tua pátria...e vai para a região que eu te mostrarei. Farei de ti uma grande nação* e *te abençoarei...e por ti serão abençoadas todas as nações da terra* (Gn 12,1-5). Abrão parte e chega a Canaã. Descobrem durante 600 anos, ele e seus descendentes (Isaac e Jacó), que esse Deus é fiel e muito próximo, caminha com os homens.

> Abraão, nosso pai na fé: a fé desvenda-nos o caminho e acompanha os nossos passos na história. Por isso, se quisermos compreender o que é a fé, temos de explanar o seu percurso, o caminho dos homens crentes. [...] Um posto singular ocupa Abraão, nosso pai na fé. Na sua vida, acontece um facto impressionante: Deus dirige-lhe a Palavra, revela-se como um Deus que fala e chama-o pelo seu nome. A fé está ligada à escuta. Abraão não vê Deus, mas ouve a sua voz. Deste modo, a fé assume um carácter pessoal: o Senhor não é o Deus de um lugar, nem mesmo o Deus vinculado a um tempo sagrado específico, mas o Deus de uma pessoa, concretamente o Deus de Abraão, Isaac e Jacob, capaz de entrar em contato com o homem e de estabelecer com ele uma aliança[15].

A fé heroica de Abraão ante o chamado de seu Deus manifestou-se em muitos momentos, desde a proposta de partir de Ur, na Caldeia, sem um destino claro. Canaã seria propriedade sua e de sua posteridade, no entanto ele precisou acreditar na promessa sem ainda ter sequer um filho. Impressiona principalmente e

---

[14] FOUCAULD, Charles, Retiro feito em Nazaré, 1897.

[15] PAPA FRANCISCO, Encíclica "Lumen fidei/ A luz da fé", §§ 8-9.

na mesma linha sua resposta pronta, aparentemente fanática, de sacrificar seu único filho, Isaac.

Esse Deus de Abraão tem um nome, mais tarde revelado a *Moisés*: "Eu sou Aquele que sou. Assim falarás aos filhos de Israel: o Deus de vossos pais enviou-me a vós... Eu sou mandou-me a vós... Esse é o meu nome para a eternidade, e essa é a minha denominação para todos os séculos" (Ex 3). Revelar seu próprio nome (Iahweh, EU SOU) é dar um passo para a amizade familiar.

Mais tarde, a vida tumultuada de Moisés conduziu-o de menino judeu resgatado das águas a príncipe egípcio, de fugitivo da fúria do faraó a libertador do escravizado povo hebreu. Cresceu na experiência do Deus, que salva, a ponto de se lhe tornar amigo íntimo, aquele com quem o Senhor todo-poderoso conversava face a face. "Iahweh, então, falava com Moisés face a face, como um homem fala com seu amigo" (Ex 33,11).

Guiando pelo deserto uma multidão de cerca de 15 a 20 mil pessoas, conservou a fidelidade a sua missão, apesar de um sem-número de oposições e revoltas daquele povo rude. No alto do Monte Sinai, recebeu do Senhor as duas tábuas de pedra, onde estavam escritas as dez grandes normas ou mandamentos, que deveriam ser para toda a humanidade orientação para uma vida feliz, segundo o Coração do Criador.

Josué, filho de Nun, sucessor de Moisés, aparece como o seguidor obediente à Lei, desde quando dava todo o apoio ao grande líder e era o único admitido à sagrada Tenda no deserto, onde Deus se manifestava na nuvem, como a grande presença que acompanhava o povo. Com a morte de Moisés, ficou encarregado de conduzir o povo e introduzi-lo na Terra Prometida.

> A despeito da óbvia capacidade e lealdade de Josué, Moisés não o escolheu sozinho para o suceder, pedindo em vez disso a Deus que nomeasse um novo líder de Israel. Confirmando que o "espírito" estava em Josué, o Senhor disse a Moisés: "comunica-lhe uma parte da tua autoridade, a fim de que toda a comunidade dos israelitas lhe obedeça" (Nm 27,18.20). Quando Josué foi levado à presença

de Eleazar, Moisés obedeceu, impondo ritualmente a mão sobre o herdeiro indicado. Eleazar confirmou a escolha com o *Urim*, um artefato semelhante a um dado, que fornecia respostas "sim" e "não" às perguntas do sacerdote[16].

O rei *Davi* é outra grande figura no Antigo Testamento. Mais novo filho de Jessé, da tribo de Benjamin, ungido pelo profeta Samuel em substituição a Saul, conseguiu unificar Israel e Judá em um só reino.

> Pastor, guerreiro, músico, fora da lei, amigo fiel, construtor do império, pecador, santo, pai fracassado, rei ideal! Quem na Bíblia aparece em tantos papéis? Seu nome é citado mais de mil vezes no Antigo e no Novo Testamentos – mais do que qualquer outro. Ocupa lugar de destaque não só na história política e militar, mas também na teologia e na poesia de seu povo e até mesmo em suas esperanças para o futuro[17].

Foi nos muitos Salmos de sua autoria, principalmente, que ele manifestou uma fé à flor da pele:

* *Tu, Iahweh, és o escudo que me protege, minha glória* e o *que me ergue a cabeça.* (3,4).

* *Quando te invoco, respondes-me, meu justo Deus! Na angústia tu me aliviaste* (4,2).

* *Iahweh, escuta minhas palavras, considera meu gemido* (5,2).

* *Iahweh, meu Deus, eu me abrigo em ti* (7,2)!

* *Diz o insensato em seu coração: "Deus não existe"* (14,1)!

* *Eu te amo, Iahweh, minha força, (meu salvador, tu me salvaste da violência)! Iahweh é minha rocha e minha fortaleza, meu libertador, é meu Deus* (18,1).

Os *Profetas*, posteriormente, foram pessoas de fé extraordinária, homens e mulheres, que se deixaram tocar pelo Espírito

---

16 QUEM É QUEM NA BÍBLIA, p. 247-248.

17 Idem, p. 74.

de Deus e se puseram à disposição dele para conduzir seu Povo, principalmente quando este se distanciava do reto caminho dos mandamentos e da Aliança. Houve verdadeiros profetas, inspirados do alto e citados na Bíblia, quatro tidos como "maiores" e doze "menores", mas igualmente importantes. Impressiona o exemplo de Elias, que aparece como labareda chamejante e terrível no cenário da história de Israel e que, cumprida sua missão, é arrebatado em um carro de fogo para o céu (2Rs 2,11).

Todos eles, profundamente tocados pelo Senhor, transmitiram, em seu tempo, a vontade e as advertências de Deus. Muitos deles usaram ou música, ou recursos simbólicos para tanto, como, por exemplo, a manipulação livre do oleiro, fazendo e desfazendo os vasos que saíam malfeitos (Jr 18,2); ou a ordem do Senhor para que o profeta assumisse uma prostituta como esposa, para representar a infidelidade do povo à Aliança (Os 2,4ss).

Houve também muitos falsos profetas, que, a pretexto de agradar aos reis e ao povo, passavam-lhes mensagens venturosas que não produziam frutos de conversão; ou os que ofereciam ao povo o culto de falsos deuses, como os 450 profetas de Baal, que, no Monte Carmelo, Elias confundiu naquele célebre desafio de fazer vir o fogo do céu, e depois os exterminou (1Rs 18,19-40). Semelhante a esse foi o caso do Profeta Jeremias, denunciando por ordem de Iahweh a falsidade do falso profeta Hananias: *Escuta, Hananias: Iahweh não te enviou, e tu levas este povo a confiar na mentira. Por isso, assim disse Iahweh. Eis que te retirarei da face da terra: neste ano morrerás (porque anunciaste a revolta contra Iahweh)* (Jr 28,10-17).

Enquanto isso, os verdadeiros profetas arriscavam a vida por anunciarem a verdadeira fé e denunciarem os erros e desvios que deviam ser corrigidos e que, por isso, foram mortos.

O maior de todos os profetas, porém, a ponto de receber o elogio do próprio Jesus, foi João Batista: *começou Jesus a falar a respeito de João às multidões: "Que fostes ver no deserto: Um caniço agitado pelo vento? Mas que fostes ver? Um homem vestido de roupas finas? Mas os que vestem roupas finas vivem nos palácios dos reis. Então que fostes ver? Um profeta? Eu vos afirmo que sim, e mais do que um profeta. É dele que está escrito: eis que envio o meu mensageiro à tua frente; ele preparará o teu caminho diante de ti. Em verdade vos digo que, entre os nascidos de mulher, não surgiu nenhum maior do que João, o Batista...* (Mt 11,7-11).

1.3. No Novo Testamento e até hoje

Percorrendo a galeria dos santos nos escritos do Novo Testamento, podemos vê-los como quadros pregados sobre as paredes dos primeiros séculos, iluminados pela Luz de Cristo, a começar de Maria; depois Isabel e Zacarias; João Batista; os Doze Apóstolos; uma corte inumerável de discípulos fiéis, chegando à grande manifestação do Espírito Santo em Pentecostes; depois, os muitos mártires, não só dos inícios, os Santos Padres da Igreja com seus preciosos escritos no Oriente e no Ocidente, até nossos dias. Foram testemunhos de uma fé pujante, corajosa e até heroica.

Recentemente o Santo Padre, o papa Francisco, em sua Exortação Apostólica "Gaudete et Exultate" (Alegrai-vos e exultai) sobre o chamado à santidade no mundo atual, trouxe especial contribuição para animar-nos a continuar vivendo com alegria o dom da santidade, nada restrito aos primeiros tempos da Igreja. Alguns tópicos de seu texto:

> * 2. Não se deve esperar aqui um tratado sobre a santidade, com muitas definições e distinções que poderiam enriquecer este tema importante ou com análises que se poderiam fazer acerca dos meios de santificação. Meu objetivo é humilde: fazer ressoar mais uma vez a chamada à santidade, procurando encarná-la no contexto atual, com seus riscos, desafios e suas oportunidades, porque o Senhor escolheu cada um de nós "para ser santo e irrepreensível em sua presença, no amor" (cf. Ef 1,4).
> * 3. Na Carta aos Hebreus, mencionam-se várias testemunhas que nos encorajam a "correr com perseverança a prova que nos é proposta" (12,1): fala-se de Abraão, Sara, Moisés, Gedeão e vários outros (cf. cap. 11). Mas sobretudo

somos convidados a reconhecer-nos "circundados de tal nuvem de testemunhas" (12,1), que incitam a não deter-nos no caminho, que nos estimulam a continuar a correr para a meta. E, entre tais testemunhas, podem estar a nossa própria mãe, uma avó ou outras pessoas próximas de nós (cf. *2Tm* 1,5). A sua vida talvez não tenha sido sempre perfeita, mas, mesmo no meio de imperfeições e quedas, continuaram a caminhar e agradaram ao Senhor.

* 5. Nos processos de beatificação e canonização, tomam-se em consideração os sinais de heroicidade na prática das virtudes, o sacrifício da vida no martírio e também os casos em que se verificou um oferecimento da própria vida pelos outros, mantido até à morte. Essa doação manifesta uma imitação exemplar de Cristo, e é digna da admiração dos fiéis.

* 6. Não pensemos apenas em quantos já estão beatificados ou canonizados. O Espírito Santo derrama a santidade, por toda a parte, no santo povo fiel de Deus, porque "aprouve a Deus salvar e santificar os homens, não individualmente, excluída qualquer ligação entre eles, mas constituindo-os em povo que o conhecesse na verdade e o servisse santamente". [3] O Senhor, na história da salvação, salvou um povo. Não há identidade plena, sem pertença a um povo. Por isso, ninguém se salva sozinho, como indivíduo isolado, mas Deus atrai-nos tendo em conta a complexa rede de relações interpessoais que se estabelecem na comunidade humana: Deus quis entrar numa dinâmica popular, na dinâmica dum povo.

* 7. Gosto de ver a santidade no povo paciente de Deus: nos pais que criam os seus filhos com tanto amor, nos homens e nas mulheres que trabalham a fim de trazer o pão para casa, nos doentes, nas consagradas idosas que continuam a sorrir. Nesta constância de continuar a caminhar dia após dia, vejo a santidade da Igreja militante. Esta é muitas vezes a santidade "ao pé da porta", daqueles que vivem perto de nós e são um reflexo da presença de Deus, ou – por outras palavras – da "classe média da santidade".

1.4. A fé em crise na história

Durante séculos, a fé foi vivida com justiça sob o estandarte da fidelidade à Revelação e ao Magistério eclesiástico. No entanto, como em todas as coisas, o justo meio ou o bom senso precisam ser respeitados, a bem da verdade ("Est modus in rebus", diziam os latinos). Aos poucos, na tentativa de preservar a sã doutrina e os bons costumes, ambos sempre em risco de se perderem, foi crescendo um rigorismo sutil em sua defesa, nem sempre aliás tão sutil.

Na busca de segurança a toda a prova, foram-se organizando coleções de dogmas e definições conciliares (o Enchiridion de Denzinger), ficando exclusivamente a Hierarquia eclesiástica com o direito de definir a verdade, a qual deveria ser acolhida passivamente, de cima para baixo, pelos fiéis. Durante muito tempo, a instituição da Inquisição, de triste memória, foi o retrato desse clima eclesial, assustador para os que se aventurassem na pesquisa e reflexão sobre as Escrituras.

É claro ser função do magistério a vigilância, para que não entrem deturpações na doutrina e desvios no comportamento do povo de Deus. Houve, contudo, exageros, que impediram muitos teólogos de expressarem o resultado de suas investigações e seus estudos feitos com seriedade e com a mais reta intenção de servir.

> Porém há outra maneira de se entender a verdade e a revelação da verdade no cristianismo. O Vaticano II inaugura novo estilo, nova linguagem e novo modo de expressar-se a respeito da revelação cristã... seu estilo foi pastoral... Em lugar de conceitos inspirados pela metafísica escolástica, o Vaticano II privilegia o uso de metáforas e o estilo narrativo. Adotou-se ali, por exemplo, a fórmula trinitária. Por conseguinte, a Igreja está situada na história das três pessoas divinas na economia da salvação. Em lugar de definir a Igreja, a Lumen Gentium enumera as metáforas bíblicas que a identificam. Não reduz o alcance das metáforas ao conteúdo supostamente mais válido de conceitos filosóficos.
>
> Dessa maneira, o Vaticano II aproxima-se do linguajar bíblico... Cada cristão é chamado dessa maneira a refazer o que o Vaticano II fez: ler a Bíblia no meio da sua vida, no ambiente, no contexto em que está situado, e acolher a revelação da vontade de Deus mediante as histórias contadas na Bíblia, mediante as metáforas ou os conselhos da sabedoria, mediante os textos de oração dos salmos... Que exista uma instância na Igreja que se dedique a dar exatidão a alguns conceitos indispensáveis entende-se. Mas não que a fé possa surgir a partir da aceitação passiva de um código de puros conceitos[18].

[18] COMBLIN, José, Vocação para a liberdade, p. 285-288.

1.5. A fé como proposta de Deus

a) As propostas na vida

Um convite para passear, para passar férias na casa de parente ou pessoa conhecida, para uma entrevista, para um emprego... São muitas as propostas que nos chegam a cada dia. Muitas e variadas. Interessantes, atraentes, simpáticas, importantes, curiosas. Ou, pelo contrário, importunas, aborrecidas, enfadonhas, incômodas, irritantes, molestas e até abomináveis.

Propostas são feitas nos campos econômico, político, artístico, jurídico, esportivo, militar e assim por diante. A bem dizer, em todos os campos de relacionamento entre pessoas. Principalmente em tempo de eleições, candidatos propõem plataformas de governo juntamente com muitas promessas. Pintores, escritores, músicos, teatrólogos e atores propõem mostras individuais e coletivas, fazem lançamentos, *avant-premières*, forram muros com cartazes de propaganda. Advogados propõem acordos para benefício das partes. Em competições de todos os níveis, desde torneios caseiros até as Olimpíadas internacionais, esportistas propõem o espetáculo do desenvolvimento físico, ano a ano mais surpreendente.

Uma proposta tem por trás pelo menos duas vertentes ou duas faces. De um lado a carência natural de todos nós, criaturas inevitavelmente imperfeitas e necessitadas de muitíssimas coisas, tanto para nosso corpo, como o alimento para repor nossas forças e bebida para nos dessedentar; quanto para nossa afetividade e segurança, como conhecimento e apoio; e, mais ainda, fé no Criador para nos situar no fundamento essencial da verdade de nosso ser.

De outra parte, a propaganda de objetos de consumo, assim como nos oferece artigos e oportunidades oportunas e necessárias, costuma oferecer de maneira insistente que compremos coisas apenas úteis e curiosas, e até mesmo coisas supérfluas e lixo. Sem dúvida será sempre necessário discernir entre o que convém e o desnecessário, diante da avalanche de sugestões que chegam por meio dos meios de comunicação, outdoors, anúncios, mensagens de rádio, televisão e mídia social.

b) A fé, proposta de Deus

Todos os rios, principalmente os majestosos, como o Amazonas, o Nilo, o Danúbio, sempre levaram os pesquisadores a descobrirem suas origens. Estas geralmente se encontram nas alturas de imponentes montanhas, correndo de início como fios borbulhantes, como o Moldávia, tão bem representado pela música de Bedrich Smetana. De modo semelhante, é inevitável a curiosidade sobre a origem de quanto descobrimos a nossa volta e em nós mesmos. Donde viemos, por que existimos? Que sentido tem o macrocosmo impressionante com suas incontáveis galáxias? Como entender o microcosmo dos átomos de que é formada toda a natureza? Com muito respeito e com amor à verdade, atrevo-me a procurar essa misteriosa fonte original.

Quanto a nosso ponto, desde os inícios da humanidade, vem Deus propondo a Verdade à inteligência, o Bem à vontade, e a Beleza e o Amor ao coração dos homens. Por meio de arte refinada e de incrível "competência científica", vem propondo à admiração de todos o espetáculo maravilhoso de uma Natureza, cuja compreensão excede tudo que o homem possa conceber.

Deus é pura alegria, perfeita felicidade, Ser em plenitude sem dependência de coisa alguma, satisfação completa, estabilidade imperturbável sem princípio e sem-fim, harmonia deliciosa, liberdade plena. Toda essa riqueza existe, não como ideal abstrato, utopia ou, menos ainda, quimera. É um Ser real e concreto, é pura Vida, é Alguém.

O que, a modo de balbucio, proponho como Ser infinito, ultrapassa completamente a capacidade humana de compreender ou sequer imaginar, constituindo para qualquer um mistério estritamente dito. Para nossa inteligência limitada, ele é Silêncio saboroso, Tranquilidade imperturbável, Sossego da Paz. Apesar de ser insondável e, por consequência, inenarrável, algo da lógica das coisas nos permite ao menos juntar as peças de que dispomos para montar o quebra-cabeças teológico sobre o que chamamos Deus.

Um ser pessoal e, portanto, ser de relações, como se colhe da Teologia. Dada sua perfeição absoluta, este Ser é Único, absolutamente simples, vivendo o Amor com infinita intensidade (1Jo 4,16). Ora, amor autêntico, amor de doação, só se entende como sair de si de algum modo, para fazer bem a outro. Assim este Ser, que é todo Amor, tem conhecimento perfeito de Si mesmo. Consequentemente, é origem eterna da Imagem que faz de si mesmo, ou seja, desse Verbo ou dessa Palavra mental gerada fora do tempo (da ideia que faz de si mesmo).

Essa Palavra é tão perfeita, a ponto de ser expressão inteira da perfeição daquele que a gerou. Essa relação fora do tempo constitui duas Pessoas, uma Paternidade que gera (o Pai) e uma Filiação que é gerada (o Filho). A inevitável relação de encantamento e Amor entre essas Pessoas é igualmente perfeita, procedendo do Pai e do Filho, como terceira Pessoa divina, o Espírito Santo.

Esse Ser plenamente autônomo e extremamente rico sob todos os aspectos é a própria Glória em sua interioridade. Existindo para além de nossas coordenadas do espaço e do tempo, vive a felicidade perfeita, sem necessidade de qualquer ajuda ou contribuição externa. Ele é o Sumo Bem. Contudo é próprio do Bem ser difusivo de si mesmo, assim como de uma lâmpada se difundem os raios de luz ou de uma flor, maravilhoso perfume, simplesmente porque essas coisas são focos irradiantes de algo bom.

Pois, então, Deus decidiu, em sua maneira de ser (ou eternidade), deixar extravasar sua bondade, estabelecendo para si mesmo o Projeto de manifestar "externamente" sua Glória, sem que isso minimamente o afetasse. Esse "momento divino" é sugerido por Santo Inácio de Loyola, nos Exercícios Espirituais, ao introduzir a Contemplação sobre a Encarnação do Verbo [102].

Propõe que o exercitante contemple as Três Pessoas divinas em sua eternidade, em diálogo a esse respeito, antes mesmo da Criação do mundo.

Sendo a única realidade existente, Deus tem como único modelo possível para tal Projeto sua própria Imagem (Verbo ou Palavra que exprime tudo que ele é). Daí que visualiza de modo abrangente como será o percurso ou a concretização do projeto no tempo, em suas várias fases, até que sua Glória se manifeste plenamente e se derrame sobre essa invenção sua em toda forma de bondade.

Ora, para o Ser perfeito, em quem não há antes nem depois, o pensar, o decidir, o querer e o agir são um único e mesmo ato, que desencadeia o começo imediato da Criação. Não havendo nele uma etapa intermediária de deliberação, o processo logo tem início, logo acontece. Pensou, fez.

Especialmente pela Revelação, desde mais de vinte séculos antes do ano 1 de nossa era, propõe sua existência, sua presença, suas intenções a respeito de todo homem que vem a este mundo: quer formar um povo que o aceite na verdade e o sirva no amor, como seu único Deus, e que seja feliz por seguir suas orientações. Afinal de contas, ele é que entende das coisas, como Autor e consumador de tudo.

Não só propõe ideias e diretrizes para a vida, propõe-se a si mesmo, como Alguém presente na História, como Pastor que conduz o povo às águas tranquilas e a pastar nos campos verdejantes (Salmo 23). Desde os Patriarcas e Profetas, veio sinalizando uma aproximação contínua, respeitando o nível de compreensão dos seres humanos e “educando” as pessoas de todos os quadrantes do mundo por meio de indivíduos inspirados e de boa vontade.

Ao chegar a plenitude dos tempos, com o relativo amadurecimento das pessoas, as coisas mudaram, e a proposta se concretizou de forma ainda mais surpreendente. Com efeito, na expressão do autor da Carta ao Hebreus, “muitas vezes e de modos diversos falou Deus, outrora, aos Pais pelos profetas; agora, nestes dias que são os últimos, falou-nos por meio de seu Filho, a quem constituiu herdeiro de todas as coisas, e pelo qual fez os séculos" (Hb 1,1).

O fato da Encarnação do Verbo revolucionou a História humana, marcando um absoluto divisor de águas na vida da Humanidade. Independentemente de culturas, religiões e credos, Jesus Cristo tornou-se para todos o marco segundo o qual tudo começou a ser definido como "antes" ou "depois", *a.C.* ou *d.C.*

A proposta explícita de Deus é, em primeiro lugar, ele mesmo, "o único necessário" (Lc 10,42), o dom que faz de si, propondo amor aos homens. Realmente, podemos sobreviver sem qualquer das coisas que existem no mundo. Nenhuma delas principalmente vai suprir para sempre o desejo profundo e visceral de amar e ser amado, porque, por mais que nos satisfaçam, poderão isso por algum tempo apenas, logo cansam e perdem o interesse. Só o infinito, o que nunca perde o encanto, pode manter o nível de saciedade e contentamento sem nos cansar.

Com isso Deus manifesta externamente sua Glória eterna:

> "A Glória de Deus é o Homem vivo; e a vida do Homem é a visão de Deus. Com efeito, se a manifestação de Deus, por meio da criação dá a vida a todos os seres da terra, muito mais a manifestação do Pai, por meio do Verbo, dá a vida a todos os que veem a Deus"[19].

c) O início no tempo: a criação e a história

Assim começa a Oração Eucarística n. IV: *Na verdade, ó Pai, é nosso dever dar-vos graças, é nossa salvação dar-vos glória: só vós sois o Deus vivo e verdadeiro que existis antes de todo o tempo e permaneceis para sempre, habitando em luz inacessível. Mas porque sois o Deus de bondade e a fonte da vida, fizestes todas as coisas para cobrir de bênçãos as vossas criaturas e a muitos alegrar com a vossa luz.*

---

[19] Santo Irineu, sec.2, Tratado contra as heresias.

A Sagrada Escritura, por sua vez, começa com estas outras palavras: *No princípio Deus criou o céu e a terra [...] Deus disse: "Haja luz", e houve a luz. Deus viu que a luz era boa, e Deus separou a luz e as trevas* (Gn 1,1.3). Com efeito, a ciência moderna aceita como segura a teoria do Big-Bang, como o momento luminoso da Criação, a partir de um pacote superconcentrado de energia inicial, que se expandiu e continua se expandindo, passando de energia à matéria e formando milhões de galáxias com suas inumeráveis estrelas e seus planetas.

João inicia seu Evangelho atualizando a mensagem para a Nova Aliança: *No princípio era o Verbo, e o Verbo estava com Deus, e o Verbo era Deus. No princípio, ele estava com Deus. Tudo foi feito por meio dele e sem ele nada foi feito. O que foi feito nele era a vida, e a vida era a luz dos homens; e a luz brilha nas trevas, mas as trevas não a apreenderam. [...] Ele era a luz verdadeira, que ilumina todo homem* (Jo 1,1-5.9a).

Quanto à Criação, em vez de dizermos "Deus criou o mundo", é mais exato dizer que "Deus cria e recria o mundo", pois a Criação é um processo que teve início e se desenvolve no tempo.

> Em segundo lugar, diferentemente do que a física é capaz de descrever e modelar, a criação divina é o conceito que usamos para indicar a transição do nada absoluto para algo. Ela deve, no entanto, não ser considerada como um evento – apesar de que pode ter sido um evento. Mas não necessariamente. Nunca houve um "evento de criação" temporal ou de uma origem absoluta no tempo. Nós realmente não sabemos! A criação é essencialmente a relação de absoluta dependência de todas as coisas em Deus como a sua fonte e origem. Essa é a resposta à questão: Por que existe algo em vez de absolutamente nada? E isso continua a ocorrer todo o tempo – nós e toda a criação permanecemos absolutamente dependentes de Deus para a nossa existência. Assim, a criação é o apoio último para todas as leis da física e da cosmologia, e para todo este processo que direciona e dirige a evolução cósmica, química e biológica no universo. Então, não existe conflito entre os dois – eles são, pelo contrário, complementares, descrevendo dois níveis de causalidade e relacionalidade diferentes. Nós podemos também dizer que a criação é manifestada e expressa por meio de todas as regularidades, relacionamentos e

processos da natureza – no sentido de que a criação é a explicação máxima para todos eles[20].

d) A história

Após longo processo de evolução do Universo, passando da energia à matéria, do surgimento da vida à diferenciação dos três reinos – mineral, vegetal e animal –, surgiu o ser humano, criado à imagem e semelhança de Deus (Gn 1,26-27). Referindo-se à intenção imediata do Criador, a IV Oração Eucarística diz: "Nós proclamamos a vossa grandeza, Pai Santo, a sabedoria e o amor com que fizestes todas as coisas: criastes o homem e a mulher à vossa imagem e lhes confiastes todo o universo, para que, servindo a vós, seu Criador, dominassem toda criatura".

O ser humano, querido e amado por Deus desde seu aparecimento sobre a terra, veio também a ser parte, embora inconsciente, da preparação remota para um futuro passo da manifestação da Glória de Deus, porque Ele tencionava entrar um dia pessoalmente na História como gente, na plenitude dos tempos, inserindo-se em sua Criação e participando dela. Para isso Deus escolheu um povo e com ele fez várias Alianças de mútua fidelidade. Revelou-se a esse povo gradativamente durante séculos por meio dos patriarcas e profetas, preparando-o assim como colaborador de seu Projeto. Esse Primeiro Testamento pode ser entendido como uma grande Promessa do que Deus queria mais adiante realizar.

[20] Teologia e ciência buscam a verdade e o entendimento e se esforçam para ir além de onde estão. Além disso, a teologia, como uma área radicalmente interdisciplinar, pode ser enriquecida e purificada, refletindo criticamente as conclusões das ciências naturais. As ciências naturais, pelo contrário, não são interdisciplinares como a teologia e, portanto, não podem incorporar as conclusões ou visões da teologia em suas perspectivas e teorias. Mas a teologia e a fé – assim como outras características da cultura geral (arte, literatura, política etc.) – proveem o contexto no qual as ciências naturais interpretam o significado e a importância do que estão fazendo, assim como uma consciência de que existem aspectos importantes da realidade, os quais os cientistas são incapazes de sondar. Finalmente, para que o diálogo entre teologia e ciência seja exitoso e útil, é preciso haver um entendimento de suas diferentes linguagens e seus diferentes pontos de referência e um acordo comum de como comunicar os pontos de vista de um para outro. STOEGER, William SJ., em entrevista a IHU on-line, de 26/06/2006, sobre Astrofísica, Cosmologia e a Busca de Deus no Universo.

e) A realização da Promessa

Continuando a construção gradual de seu Projeto eterno, quando chegou a plenitude do tempo, enviou Deus seu Filho, nascido de mulher, nascido sob a Lei. Primeiro, mais imediatamente, para resgatar os que estavam sob a Lei (isto é, estacionados ainda nas primitivas orientações de Moisés). Mas também para que progredissem para um nível mais alto, a fim de que recebêssemos a adoção filial (Gl 4,4-5).

A Encarnação do Filho de Deus tornou-se ponto crítico e transformador da História. Paulo o exprimiu assim: *E nós sabemos que Deus coopera em tudo para o bem daqueles que o amam, daqueles que são chamados segundo seu desígnio (seu Projeto eterno). Porque os que de antemão ele conheceu, esses também predestinou a serem conformes à imagem de seu Filho, a fim de ser ele o primogênito entre muitos irmãos (aqui aparece a finalidade intermediária). E os que predestinou, também os chamou; e os que chamou, também os justificou, e os que justificou, também os glorificou* (Rm 8,28-30).

Essa, segundo Paulo, é a Sabedoria autêntica, a verdade misteriosa que liberta: *Ensinamos a sabedoria de Deus, misteriosa e oculta, que Deus, antes dos séculos, de antemão destinou para nossa glória. Nenhum dos príncipes deste mundo a conheceu, pois, se a tivessem conhecido, não teriam crucificado o Senhor da Glória. Mas, como está escrito: o que os olhos não viram, os ouvidos não ouviram e o coração do homem não percebeu tudo o que Deus preparou para os que o amam* (1Cor 2,7-9).

Essa nova visão da História, comandada pelo Espírito de Deus, vem a ser o Segundo ou Novo Testamento. *Com Jesus, Deus nos deu a conhecer o mistério de sua vontade (seu Projeto eterno), conforme decisão prévia que lhe aprouve tomar para levar o tempo a sua plenitude, a de em Cristo encabeçar todas as coisas, as que estão nos céus e as que estão na terra [...] a fim de servirmos para seu louvor e sua glória (finalidade última) [...] Nele também vós, tendo ouvido a Palavra da verdade – o Evangelho de vossa salvação – e nela tendo crido, fostes selados pelo Espírito da promessa, o Espírito Santo, que é o penhor de nossa herança, para a redenção do povo que ele adquiriu para seu louvor e sua glória* (Ef 1,9-10.12-14).

Mas isso ainda não é tudo, pois Jesus viveu sua experiência terrena apenas pouco mais de 30 anos. Pedro, em casa de Cornélio, assim o resumiu: *Sabeis o que aconteceu por toda a Judeia: Jesus de Nazaré, começando pela Galileia, depois do batismo proclamado por João, como Deus o ungiu com o Espírito Santo e com poder, e ele passou fazendo o bem e curando a todos os que estavam dominados pelo diabo, porque Deus estava com ele. E nós somos testemunhas de tudo o que fez na região dos judeus e em Jerusalém, ele, a quem, no entanto, mataram, suspendendo-o ao madeiro. Mas Deus o ressuscitou ao terceiro dia e concedeu-lhe que se tornasse visível, não a todo o povo, mas às testemunhas anteriormente designadas por Deus, isto é, a nós, que comemos e bebemos com ele, após sua ressurreição dentre os mortos. E ordenou-nos que proclamássemos ao Povo e déssemos testemunho de que ele é o juiz dos vivos e dos mortos, como tal constituído por Deus. Dele todos os profetas dão testemunho de que, por meio de seu nome, receberá a remissão dos pecados todo aquele que nele crer* (At 10,37-43).

Nossa fé cristã, aquilo, pois, em que acreditamos, está expressa resumidamente no Credo, ou Símbolo Niceno-Constantinopolitano[21]. Sobre esse fundamento deve ser construído o

---

[21] CREDO: Creio em um só Deus, Pai todo-poderoso, criador do céu e da terra, de todas as coisas visíveis e invisíveis. Creio em um só Senhor, Jesus Cristo, Filho unigênito de Deus, nascido do Pai antes de todos os séculos: Deus de Deus, luz da luz, Deus verdadeiro de Deus verdadeiro, gerado, não criado, consubstancial ao Pai. Por ele todas as coisas foram feitas. E por nós, homens, e para nossa salvação, desceu dos céus: e se encarnou pelo Espírito Santo, no seio da Virgem Maria, e se fez homem. Também por nós foi crucificado sob Pôncio Pilatos; padeceu e foi sepultado. Ressuscitou ao terceiro dia conforme as Escrituras, e subiu aos céus, onde está sentado à direita do Pai. E de novo há de vir, em sua glória, para julgar os vivos e os mortos; e o seu reino não terá fim. Creio no Espírito Santo, Senhor que dá a vida, e procede do Pai e do Filho; e com o Pai e o Filho é adorado e glorificado; ele que falou pelos profetas. Creio na Igreja, una, santa, católica e apostólica. Professo um só batismo para remissão dos pecados. E espero a ressurreição dos mortos e a vida do mundo que há de vir. Amém.

edifício da Vida (participação no Ser de Deus), entre os irracionais (plantas e animais), segundo a "inteligência" reduzida, sem liberdade, diretamente conduzidos pelo Criador, entre os seres humanos, dentro de uma autêntica liberdade, iluminada pela inteligência reflexiva. Por ela, somos "convidados" a colaborar na ação criadora, na construção de mais vida e harmonização em todos os níveis da natureza. Isto é o mesmo que dizer: pelo amor.

A missão do cristão é anunciar essa Boa Notícia (Evangelho). Aprofundar nossa relação com Deus Criador, tendo em conta que:

– todas as coisas devem ter relação positiva conosco, pois criadas a nosso favor por Deus, Senhor da História;

– Jesus é a Pedra Fundamental desse processo, no aqui e agora;

– sem medo (a fé vence o medo), porque Cristo está na direção;

– cada pessoa segundo o modo (dom) que lhe foi dado, procurando discernir seu papel nesse conjunto.

f) Jesus Cristo, face humana de Deus

Deus, ao fazer o ser humano, não enviou de pronto o "Manual de Funcionamento" respectivo. Foi-o enviando aos poucos, pelos Patriarcas e pelos Profetas, no decorrer de vários séculos. Era preciso ter muita paciência com essa "máquina" diferente e muito mais delicada, principalmente porque ela (o ser humano) crescia como todas as coisas vivas, até no nível cultural e religioso. Não adiantava querer ensinar tudo logo de começo, assim como não adianta hoje entregar uma preciosa Enciclopédia para uma criança de colo: ela acabaria rasgando-a.

Na plenitude dos tempos, quando Deus viu que havia suficiente maturidade da espécie humana para tanto, enviou o Manual completo. Chamava-se JESUS, homem de verdade, passando por todas as experiências humanas diante dos olhos dos demais (exceto as incoerências), de modo a ser o modelo do Homem perfeito e acabado, o mais humano de todos os seres humanos. Ensinaria assim a seus irmãos, primeiro pelo exemplo e depois com suas palavras de Mestre consumado. Foi intenção do Pai que todos lhe prestassem atenção: *"Este é o meu Filho amado; ouvi-o!"* (Mc 9,7).

Cristo mesmo vai afirmar categoricamente:

* *"Eu sou o Caminho, a Verdade e a Vida"* (Jo 14,6).

* *"Eu sou a Porta. Quem entrar por mim será salvo; entrará e sairá e encontrará pastagem"* (Jo 10,9).

* *"Eu sou a Luz do mundo. Quem me segue não andará nas trevas, mas terá a luz da vida"* (Jo 8,12).

* *"Eu sou a ressurreição e a vida. Quem crê em mim, ainda que morra, viverá. E quem vive e crê em mim jamais morrerá"* (Jo 11,25).

* *"Eu sou o pão vivo descido do céu. Quem comer deste pão viverá eternamente. O pão que eu darei é a minha carne para a vida do mundo"* (Jo 6,51).

Aliás, apelando para uma metáfora, ninguém pode ignorar uma pedra enorme que tenha rolado do barranco e tenha se plantado no meio da estrada. Para quem vai ou para quem vem suscita toda gama de atitudes, como a surpresa, a curiosidade ou mesmo a preocupação e a raiva. Alguns ficarão sentados em seus carros, passivos ou amuados. Outros abrirão as portas e se porão a observar mais de perto, fazendo cálculos e conjecturas mais ou menos estéreis. Outros, finalmente, tomarão providências, chamarão por socorro rodoviário ou proporão a abertura de uma variante. Mas o certo é que ninguém poderá ficar neutro diante da novidade imposta à frente.

Assim ocorre com a irrupção de Jesus Cristo na História do mundo. As eras se contam agora pelo "antes" e "depois" dele. Seu nome marcou a vida de gente demais para não deixar traço na literatura, nos monumentos e nas catedrais, no nome de inúmeras cidades e nos países pelo mundo afora. Por uns adorado como

Deus, por outros respeitado como Profeta, por alguns tido como gênio, por outros considerado excêntrico. Maria, sua mãe, mantinha uma admiração silenciosa, junto a uma meditação cheia de carinho. Juntamente, sentimentos de responsabilidade, cuidado, perplexidade, fidelidade e confiança tranquila. Os amigos demonstravam fidelidade e adesão, junto com espanto, medo, confusão, docilidade, adoração, entusiasmo, alegria e até traição e abandono. As multidões se extasiavam com suas palavras, cheias de admiração, mas, às vezes, de medo, zombaria, incredulidade. Seus adversários, sacerdotes, fariseus, saduceus e escribas, ora o repreendiam, ora perseguiam mais ou menos veladamente, ora acusavam e zombavam, criando intrigas e contradições.

Dentre as inúmeras personalidades, nos vinte e um séculos de história já percorridos, desde que Jesus se retirou do dia a dia visível dos homens, basta lembrar alguns nomes de homens e mulheres entre milhares que o escolheram como a paixão de sua vida e o objeto de consagração total, coisa que só se faz com alguém extremamente significativo no cenário mundial de todos os tempos.

Inácio de Antioquia, Policarpo, Leônidas, pai de Orígenes, Irineu, Perpétua e Felicidade, Águeda e Apolônia, o bispo Dionísio, os orientais Abdon e Sénen, os jovens Pancrácio e Tarcísio, o diácono Lourenço, o bispo Cipriano, o oficial Sebastião, Inês, o bispo Januário, Luzia de Siracusa, Cassiano, Vicente de Zaragoza, os médicos Cosme e Damião de Egeia, e o menino de 7 anos, Bárula: eis uma pequena lista das muitas pessoas que deram a vida pela fé no Homem de Nazaré, que o aceitaram como Senhor e Deus, na antiguidade cristã dos primeiros três séculos, até o edito de Constantino em Milão, em 313. Foram chamados "mártires", no grego "testemunhas".

Entre os chamados "Padres da Igreja", sábios escritores e santos, que marcaram época e influenciaram a vida dos cristãos de todos os tempos até hoje, lembramos Atanásio de Alexandria,

Agostinho de Hipona, Ambrósio de Milão. Estes no ocidente. No oriente, Basílio e Gregório de Nazianzo e João Crisóstomo. Agostinho na Bretanha, Patrício na Irlanda, Columbano na Escócia, Vilibrando nos Países Baixos e Bonifácio na Germânia são nomes de propagandistas entusiastas do nome de Jesus, entre os povos então bárbaros, até os fins do século oitavo.

Em plena Idade Média, destacam-se Bernardo de Claraval, animador da Segunda Cruzada e um dos maiores personagens do século 12; Luiz IX, rei da França e protagonista das duas últimas Cruzadas; Francisco de Assis e Domingos de Gusmão, fundadores das chamadas Ordens Mendicantes e reformadores da Vida Religiosa, respectivamente na Itália e na Espanha; Boaventura, Alberto Magno e Tomás de Aquino, doutores em Teologia e filhos dessas pujantes Ordens religiosas; Brígida da Suécia e Catarina de Siena, ambas com grande influência nos destinos da Igreja no século 14.

Os séculos 15 e 16 viveram a época do Renascimento da antiga cultura greco-latina, a Reforma Protestante e a chamada Contrarreforma até sofrerem o impacto da Revolução Francesa. De um lado, Martinho Lutero, Wiclef, Huss, Calvino, Zwinglio e Henrique VIII; do outro, Inácio de Loyola, Pedro Canísio, Roberto Bellarmino, Tomás Moro, Carlos Borromeu, Francisco de Sales, Vicente de Paulo, Filipe Néri, José de Anchieta, Francisco Xavier, Teresa de Ávila e mais uma quantidade impressionante de homens e mulheres totalmente voltados à causa desse Jesus de Nazaré.

Da Revolução Francesa para nossos dias, além de muitos cristãos apaixonados por Jesus, como José Bento Cotolengo, Gabriel das Dores, Teresinha de Jesus e outros, emergem no cenário da promoção das ideias do Nazareno os grandes pontífices Pio IX e Leão XIII, Paulo VI e João Paulo II. A Igreja se apresenta como continuação da presença de Jesus na defesa dos direitos humanos e da renovação do mundo do trabalho.

Sempre atual ou tido como já "superado", ele ocupa, entretanto, um lugar na mente das pessoas. Interessa de algum modo a todos porque, inevitavelmente, todos lhe prestam ao menos a homenagem de uma tomada de posição. Lembra-me o episódio de um jornalista bastante conhecido que, nos inícios de carreira, recebeu do editor-chefe um pedido, quando ia descendo as escadas da redação: "Você escreve para amanhã um artigo sobre Jesus Cristo?" Ao que ele respondeu: "Pró ou contra?"

Para quem Jesus Cristo não é apenas um mito religioso, nem simplesmente uma das muitas propostas de satisfazer ao instinto de transcendência; para quem "Jesus é o Senhor" (Fl 2,11), "o Caminho, a Verdade e a Vida" (Jo 14,6); para quem Jesus é "a Luz do Mundo" (Jo 8,12), o próprio "Filho de Deus" (Jo10,36) é doloroso ouvir afirmações que o reduzem a uma personalidade neurótica, joguete nas mãos de um Pai discricionário, vítima de um jogo psicológico trágico de 3º grau e de amplitude universal[22].

g) A consumação do Projeto

A Glória de Deus, segundo Paulo, estará plenamente manifestada exteriormente no termo vindouro desse processo multissecular. Referindo-se à Vida Plena na ressurreição de Jesus, ele acrescenta:

> *A seguir haverá o fim, quando ele entregar o reino a Deus Pai, depois de ter destruído todo Principado, toda Autoridade, todo Poder. Pois é preciso que ele reine, até que tenha posto todos os seus inimigos debaixo de seus pés. O último inimigo a ser destruído será a Morte, pois ele tudo pôs debaixo dos pés dele. Mas, quando ele disser: "Tudo está submetido", evidentemente, excluir-se-á aquele que tudo lhe submeteu. E, quando todas as coisas lhe tiverem sido submetidas, então o próprio Filho se submeterá àquele que tudo lhe submeteu, para que Deus seja tudo em todos* (1Cor 15,24-28).

Realiza-se, então, a plenitude do Projeto, a consumação final. O Projeto (a Proposta) de Deus é fascinante:

---

[22] Para aprofundamento sobre o assunto, ver: LACERDA, Milton Paulo, Jesus de Nazaré, vencedor ou perdedor.

1. Por ser Ele quem é: infinita beleza, perfeição, amor, alegria e felicidade.

2. Pela grandiosidade do Projeto em si mesmo: extravasamento de sua Glória desde a Criação, sua inserção pessoal na História com Jesus, até a inimaginável consumação. Esta de algum modo já está começando no tempo.

3. Por nos incluir no Projeto, dando-nos a honra de participar por escolha pessoal sua. "A glória de Deus é o homem vivo" (S. Irineu).

4. Por sua entrega de excessivo amor na missão de Jesus Cristo.

1.6. A vez da resposta

a) Qual resposta?

Na cerimônia de encerramento de certo Curso de Formação, o dirigente dizia pessoalmente a cada um dos participantes, ajoelhados diante do altar: **Cristo conta com você**! E cada um, por sua vez, respondia, talvez engolindo em seco, talvez cheio de entusiasmo: **E eu com sua Graça**! A cena não me sai da cabeça, quando hoje olho, a alguma distância, os que na Igreja são chamados "agentes de pastoral". Com quem, afinal, Cristo pode contar de verdade? E por que a pergunta? Porque mais de uma vez alguém afirmou que sua paróquia era um "Saco de gatos" ou um "Ninho de cobras". Porque em outra afirmava-se haver uma competição dos diabos. Porque em tal ou qual Movimento ou Pastoral corriam soltas as fofocas, as "puxações de tapete" e outras coisas estranhas.

Parece podermos encontrar em toda parte camadas de comprometimento. Uma primeira é a dos que frequentam a Missa nos fins de semana, os "missalizantes". Assim como entraram, saem do templo, quando muito apenas cumprimentando com um sorrisinho tímido os que se acham no mesmo banco. Uma segunda camada, a dos que aceitam fazer alguma leitura eventual ou passar a sacola da coleta. Uma terceira, a dos que aceitam eventual convite a participar das reuniões de uma Pastoral, ou de alguma Novena nas casas, e coisas parecidas. Após esses pequenos encontros, voltam para sua casa, talvez pensando terem feito assim um favor para o Senhor todo-Poderoso, o qual deve ter certamente anotado tais feitos em uma "Cadernetinha de Pontos Ganhos", garantia a mais para o dia em que estiverem às portas do Paraíso.

Com quem, afinal, Jesus Cristo pode contar no dia a dia de sua Igreja? Quem realmente quer segui-lo, esquecido do próprio comodismo, superando o egoísmo, o individualismo, para servi-lo com ânimo e generosidade, disposto a dar não só o tempo e as próprias habilidades, mas até a própria vida se necessário? Comprometimento para valer só acontece se vem de dentro, de um amor apaixonado. Quem, afinal, conhece-o intimamente, a ponto de apaixonar-se por Ele?

> Depois de Adão – que se esconde porque tinha medo do Senhor –, Deus começa a chamar e a escutar a resposta daqueles homens e mulheres que dizem: "Eis-me aqui. Estou disposto. Estou disposta". Desde o sim de Abraão, Moisés, Elias, Isaías e Jeremias até chegar ao grande "sim" de Maria e ao último "eis-me aqui", o de Jesus. "Uma história de 'eis-me aqui', mas não automáticos", porque "o Senhor dialoga com aqueles que ele convida". "O Senhor sempre dialoga com aqueles que ele convida para percorrer este caminho e dizer sim. Ele tem muita paciência, muita paciência. Quando lemos o Livro de Jó, todos esses argumentos de Jó, que não entende, e suas respostas, e o Senhor que fala, corrige-o ... e no final, qual é o sim de Jó? 'Ah, Senhor, Tu tens razão: eu te conhecia somente por ouvir falar; agora os meus olhos te viram'. O sim, quando existe a vontade, eh? A vida cristã é isto: um eis-me, um sim contínuo para fazer a vontade do Senhor. E um atrás do outro... É bonito ler a Escritura, a Bíblia, buscando as respostas das pessoas ao Senhor, como respondiam, e encontrar essas respostas é tão bonito. 'Eis-me, eu vim para fazer a tua vontade'. A liturgia do dia nos exorta a refletir como vai o meu sim ao Senhor, disse o Pontífice. E acrescentou: 'Eu vou me esconder, como Adão, para não responder? Ou, quando o Senhor me chama, em vez de dizer 'eis-me' ou 'o que quer de mim?', fujo, como Jonas, que não queria fazer o que o Senhor lhe pedia? Ou faço de conta de fazer a vontade do Senhor, mas apenas externamente, como os doutores da Lei, os quais Jesus condena duramente? Faziam de conta: 'Tudo bem ... nada de perguntas: eu faço isso e nada mais'. Ou olho para o outro lado, como fizeram o levita e o sacerdote diante daquele pobre

homem ferido, agredido pelos malfeitores, abandonado meio morto? Como é a minha resposta ao Senhor?"[23]

Nossa resposta pessoal: uma atitude de coerência, de quem tem bom senso, juízo e lógica:

* 2Cor 5,14: *Pois a caridade de Cristo nos compele, quando consideramos que um só morreu por todos e que, por conseguinte, todos morreram. Ora, ele morreu por todos a fim de que aqueles que vivem não vivam mais para si, mas para aquele que morreu e ressuscitou por eles.*

* Jo 6,68: *Senhor, a quem iremos? Tens palavras de vida eterna, e nós cremos e reconhecemos que és o Santo de Deus.*

* Gl 2,19-20: *De fato, pela Lei morri para a Lei, a fim de viver para Deus. Fui crucificado junto com Cristo. Já não sou eu que vivo, mas é Cristo que vive em mim. Minha vida presente na carne, vivo-a pela fé no Filho de Deus, que me amou e se entregou a si mesmo por mim.*

* Louvar o Senhor como Jesus nos ensinou:

– **oração**: estar ligado, estar em comunicação com Deus, estar face a face com ele, colocar-se à disposição dele;

– **de discípulo**: de aprendiz, de quem se deixa conduzir docilmente;

– **missionário**: contemplativos na ação, amando tão intensamente que esse amor transborde para o bem de muitos outros;

– **modelo de oração**: O "Pai-Nosso" (Mt 6,9).

b) O diálogo da fé

Podemos falar de resposta ainda sob outro aspecto, porque a fé é necessariamente um Diálogo entre pessoas; diálogo na liberdade.

[23] PAPA FRANCISCO, Homilia na Casa Santa Marta.

Que acontece em um diálogo autêntico? Suponhamos duas pessoas, por exemplo um jovem que conversa com o pai. Nenhum dos dois ignora as próprias experiências de vida – com certeza desiguais –, no entanto essas certezas não interferem naquilo que agora estão "construindo" juntos pela comunicação. A atitude de ambos (e este é o ponto de partida do diálogo) é de estarem livres e de cada um deixar igualmente livre o interlocutor, para juntos atingirem novos aspectos da verdade.

Na descoberta conjunta, tornar-se-ão mais eles mesmos, de acordo com aquilo do Evangelho: "Conhecereis a Verdade e a Verdade vos libertará" (Jo 8,32).

Cada um comunica ao outro o que sabe e o que sente, e ambos vão se enriquecendo, porque o amor constrói (e o Diálogo é, sem dúvida, um dos mais belos atos de amor). Aceitam receber um ao outro, aceitam aprender mesmo, pois ninguém é dono da verdade. Por consequência, vão cedendo de certos pontos de vista, para admitir no próprio esquema os valores objetivamente melhores que vêm do outro, pouco importando sua idade. Nesse sentido, situa-se a afirmação do papa Francisco:

> É impossível crermos sozinhos. A fé não é só uma opção individual que se realiza na interioridade do crente, não é uma relação isolada entre o "eu" do fiel e o "Tu" divino, entre o sujeito autónomo e Deus; mas, pela sua natureza, abre-se ao "nós", verifica-se sempre dentro da comunhão da Igreja. Assim no-lo recorda a forma dialogada do Credo, que se usa na liturgia batismal[24].

Tudo isso acontece entre Deus e a pessoa, no Diálogo da Fé, evidentemente com as devidas acomodações. Deus é livre e respeita mais que ninguém a liberdade nova e, às vezes, estouvada de seus filhos. Sugere-lhes caminhos no mais íntimo da consciência, caminhos de libertação, de amadurecimento, de amor autêntico, fazendo delicadamente desembocar no momento oportuno essas

---

[24] Idem, Encicl. Lumen Fidei, 39.

várias trilhas na alameda de um "encontro pessoal", se as pessoas o permitirem, se lhe derem chance.

Como em todo diálogo, também com Deus é importante abrirmos o coração, falar-lhe com confiança filial tudo que desejamos. Mas, ainda mais importante, é aprendermos a "escutar" o que ele tem a nos dizer. Não à toa o Pai fez ouvir sua voz aos três discípulos que acabavam de contemplar a espantosa transfiguração de Jesus no monte Tabor: *Este é meu Filho, o Eleito; ouvi-o* (Lc 9,35). Ou ainda a orientação de Maria aos servidores nas bodas em Caná da Galileia: *Fazei tudo o que ele vos disser* (Jo 2,5). O mais importante em todo diálogo não é falar, mas escutar o que é dito, para podermos ponderar todas as razões, também aquelas eventualmente contrárias a nosso modo de pensar. Teremos então clareza para uma prudente continuação da conversa, porque o que se pretende é a busca e o encontro da verdade.

Sempre e em todas as circunstâncias Deus tem a iniciativa, porque a experiência da fé excede o senso estético e religioso naturais. Por outra, trata-se de "dom gratuito". Deus chega a ceder de alguma forma, enquanto aguarda com paciência as marchas e os recuos da pessoa temerosa, embora, como em qualquer Diálogo, não possa nem queira ceder quanto aos princípios, porque o que é verdade sempre o há de ser, por menos que o desejem nossos caprichos.

Conta-se que o imperador Carlos V (1500-1558) foi um dia visitar um de seus ministros, gravemente enfermo, a quem muito estimava. Para consolá-lo, disse-lhe: "Peça-me o que quiser e eu o darei". O doente respondeu: "Prolongue-me uns dias a vida, majestade, para que eu possa ajustar minhas contas com Deus". "Ah! Caro amigo, você me pede uma coisa que não está em minhas mãos!" O ministro exclamou então: "Desgraçado de mim! Gastei toda a minha vida em servir a quem não pode conceder-me uma hora sequer e deixei de servir a Deus, que pode decidir sobre o que há de ser de minha vida."

Seguindo São Paulo, vimos que o homem não é capaz de tornar-se "justo" com suas próprias ações, mas pode realmente converter-se em "justo" diante de Deus, só porque Deus lhe confere sua "justiça", unindo-o a Cristo, seu Filho. E esta união com Cristo, o homem obtém mediante a fé. Neste sentido, São Paulo nos diz: não são nossas obras, mas a fé que nos torna "justos". Essa fé, contudo, não é um pensamento, uma opinião ou uma ideia. Essa fé é comunhão com Cristo, que o Senhor nos entrega e que, por isso, se converte em vida, em conformidade com Ele. Ou com outras palavras, a fé, se é verdadeira, real, converte-se em amor, em caridade, expressa-se na caridade. Uma fé sem caridade, sem este fruto, não seria verdadeira fé. Seria fé morta[25].

1.7. A fé é uma forma de comunicação

a) A comunicação

Ao dar o impulso inicial ao gesto criador (o qual perdura como Conservação e Providência), Deus é o único que se pode chamar fiel às leis que inventou para a Natureza. Tão fiel, que Ele mesmo se submete à maneira de "funcionar" o relacionamento humano, quando pretende manifestar-se a nós no fenômeno da fé.

Como "emissor", não prescinde dos "canais" competentes para transmitir sua "mensagem" ao "receptor", que somos cada um de nós. Toma em consideração os "ruídos" ou as interferências (obstáculos) a uma comunicação profunda no amor e a um encontro verdadeiramente existencial. Esses ruídos foram anteriormente lembrados, quando falamos de obstáculos ao ato de fé.

As "mensagens verbais" de Deus estão escritas tanto nas Sagradas Escrituras (Antigo e Novo Testamentos), quanto nos documentos oficiais de sua Igreja (Encíclicas do Papa, Documentos dos vários Concílios Ecumênicos, em grau menos expressivo nos documentos oficiais das Conferências Episcopais de uma nação e nas Cartas Pastorais dos Bispos em suas Igrejas Particulares). São ainda "verbais" a seu modo, as "inspirações" diretas no íntimo da inteligência e as "moções" ou impulsos interiores do Espírito Santo sobre nossa vontade.

---

[25] Papa Bento XVI, na Catequese de 26 de novembro de 2008.

Os mestres da Cibernética e da Programação Neurolinguística chamam de "comunicação não verbal" a transmissão de mensagens pelos vários tipos de olhares; pelos gestos de todo o corpo, especialmente pelas contrações da máscara facial; pela diversa coloração da pele, conforme as circunstâncias; e pela voz, não enquanto declina a mensagem em palavras óbvias, mas enquanto assume certo timbre e tal entonação ou altura, que permitem adivinhar, por trás das palavras banais, um significado muito particular de ternura ou repreensão e assim por diante. Mal comparando, é por uma comunicação não verbal que o cachorrinho exprime seu estado de prazer, quando se põe a abanar o rabo.

Em um nível mais espiritual, Deus se comunica com seus filhos de muitas maneiras. São disso exemplo as belezas prodigiosas da Natureza, a perfeição espantosa de estruturação e funcionamento de todos os seres, especialmente os humanos. Os fatos da vida trazem mensagens subliminares, como advertia uma pessoa, confessando que, ao assistir aos noticiários da televisão, ficava se perguntando: que é que Deus está me dizendo com essas notícias? Os bons exemplos, especialmente os testemunhos de fé e doação, que campeiam um pouco por toda a parte, são todas mensagens não verbais do Senhor, tentando alcançar a mente de alguém e fazer-se aceitar como a única explicação satisfatória dos mistérios da vida e do universo.

Um cientista francês viajava pelo deserto e, ao pôr do sol, saiu da tenda para aproveitar o ar um pouco mais fresco. Conversando com o jovem guia beduíno, observou: "Ninguém sabe, aliás ninguém pode saber com certeza, se Deus existe..." O rapaz contentou-se em assinalar com a mão a enorme extensão de areia, ali visível, sobre a qual estavam bem nítidas pegadas humanas. E disse: "Quando vejo pegadas sobre a areia, não posso duvidar de que algum homem tenha passado por ali. Só um homem poderia deixar tais marcas". Depois, voltando-se para as pálidas cores do ocaso e levantando a cabeça para o céu azul escuro, em que começavam a despontar as estrelas, uma após outra, acrescentou: "Quando vejo o sol, a lua, o céu estrelado, com tanta beleza, sei com certeza que o Criador passou por ali. São as pegadas de Alá".

Indo mais a fundo, a comunicação de Deus acontece por meio de moções, de toques interiores no coração, tanto mais perceptíveis quanto a pessoa esteja habituada à vida de oração mental. Nos Exercícios Espirituais, Santo Inácio, mestre da vida espiritual, insiste na importância desses contatos, muitas vezes sutis e delicados.

> Moções: são dinamismos interiores que atraem a pessoa para algo. São propostas interiores (sugestões) vindas de fora do querer de quem as experimenta (EE 32). Aparecem como pensamentos (frases "interiores" ou "vozes interiores") e produzem reações emocionais (alegria ou angústia). Podem ser descritas também como movimentos "dentro da pessoa", que "puxam" para algo, sendo sentidas como apelos, chamamentos ou atrações[26].

Aplicando tudo isso ao assunto da fé, lembrando os muitos problemas que podem perturbá-la no coração de alguém, é preciso recordar que, da parte do *emissor*, que é Deus mesmo, não há defeito possível: Ele sabe o que quer, sabe o que diz e como dizer, não tendo um "inconsciente", como nós, para lhe pregar peças por meio de "atos falhos" (como quando, por exemplo, pretendemos convidar uma pessoa para terça-feira, mas nos escapa uma "sexta-feira", porque inconscientemente não estaríamos desejando tal encontro). Ou como quando, ao sair do apartamento, apertamos o número de nosso próprio andar em vez do térreo, possivelmente significando que gostaríamos de já estar de volta ou mesmo de nem estar saindo.

As interferências sobre a fé começam a acontecer na transmissão da mensagem, seja porque o "canal" utilizado foi um pregador menos competente ou uma revista católica muito malfeita, seja porque as vozes de sereias de amigos e amiguinhas (ou mesmo de

---

[26] LOYOLA, S. Inácio, Exercícios Espirituais, nota 255, p. 121.

professores e familiares) vieram criar "estática" e desprestigiar o programa da estação de Deus.

Interferências também sucedem, pelos mesmos motivos, no que se refere aos problemas na própria pessoa: são como barreiras no *Receptor*, consistindo em um conjunto de opiniões, atitudes, gostos e interesses, a funcionar como filtros, que acabam deturpando completamente a mensagem. Ou ainda a presença de preconceitos a respeito de religião, de padres e coisas semelhantes. O resultado é que a pessoa pode tornar-se impermeável, inacessível, bloqueada e impenetrável. E, como Deus não força a porta de ninguém, só talvez por meio de alguma experiência chocante da vida, possa mais adiante abrir-se para a fé, assim como o pintainho só nascerá quando se quebrar a casca do ovo.

1.8. Fé como experiência de encontro existencial

Há muitas formas de encontros, assim como de desencontros. Sem dúvida, dentro da tendência natural do ser humano de conviver em sociedade, o que cada pessoa busca é suprir as próprias deficiências, receber apoio no momento de aperto e sentir o calor do afeto de outro ser humano.

Há encontros *anônimos*, quando estamos em ruas e praças movimentadas, em um ônibus mais ou menos cheio, em um teatro ou cinema, em todos os lugares e todas as situações em que ninguém conhece ninguém, como se fôssemos todos invisíveis, apenas cuidando para não sermos atropelados ou ao menos esbarrados. São ocasiões inevitáveis, mas necessárias, talvez mais de uma vez no mesmo dia.

Há encontros *funcionais*, como ao entrarmos em uma loja para escolher sapato, roupa, presente para aniversário, comprar livro ou jornal e assim por diante. Por que funcional? Porque a pessoa que nos atende, ou no balcão ou no caixa, fornece, embrulha e cobra o que pedimos, mas saímos de lá em geral sem saber seu nome todo (mesmo que use crachá). Nem sabemos praticamente nada de sua vida, se é filho ou filha única, se tem boa saúde, onde mora, se é casada ou solteira e tanto mais. Mal comparando, funciona como máquina.

É claro que não há necessidade de ficarmos sabendo tudo isso, a menos que seja loja de frequência quase diária, como a padaria ou o encontro diário com o ascensorista ou o porteiro do prédio em que trabalhamos; então, a gentileza e o espírito de solidariedade podem levar-nos a nos interessarmos bem mais por tais pessoas. Mesmo com os professores de nossa vida escolar, o contato foi bem pouco profundo, a ponto de muitíssimas vezes os perdermos não só de vista, mas também do afeto do coração.

Há também encontros *terapêuticos*, especialmente com profissionais da saúde, médico, enfermeira, psicólogo, terapeuta ocupacional (até o sacerdote confessor e orientador espiritual) e assim por diante. Nesses encontros, abrimo-nos bastante para essas pessoas, porque precisamos dar-lhes todas as informações, a fim de que nos ajudem e nos socorram em nossas falhas e necessidades. O trânsito das informações é "unilateral"; ao sairmos dali, pouco ou quase nada ficamos sabendo sobre a vida familiar, a saúde, as preferências artísticas, espirituais e esportivas de quem nos atendeu. É claro que com isso tal encontro não é inteiramente satisfatório.

E há, finalmente, encontros *pessoais, de profundidade*, em que a abertura é mútua, é fluente, de confiança e de afeto, como pode acontecer entre verdadeiras amizades, entre namorados, entre pais e filhos, entre irmãos e em verdadeiras comunidades, religiosas ou não. Tal proximidade não se improvisa, é fruto de afinidades e também de boa formação humana e espiritual. É desse tipo de encontros que se há de pensar, ao falarmos da experiência de Deus, da fé viva e apaixonada pela Pessoa de Jesus Cristo.

> A experiência da fé está muito próxima da experiência do amor. Sua linguagem encontra os mesmos problemas. Quanto mais se ama uma

pessoa, quanto mais ela está próxima, pertencendo à intimidade original e única da presença do amor, tanto mais difícil se consegue exprimir em palavras, em linguagem, tal experiência. Se tal experiência chegasse a um grau único, absolutamente único e singular, então já não haveria mais palavra para exprimi-la. Perder-se-ia na inefabilidade, no silêncio, na mudez total[27].

A Análise Transacional traz de modo semelhante o que é chamado de Estruturação do Tempo, escalonando de modo crescente as várias formas de aproximação entre pessoas, do mínimo ao máximo de realização afetiva.

Primeiro vem o *Isolamento*, o encontro da pessoa consigo mesma, tempo de autorreconhecimento, de tomada de consciência da própria existência como indivíduo e como valor. Para isso, retira-se para ficar de algum modo a sós, até mesmo afastando-se da própria residência para um lugar à parte. Assim fazia Jesus com frequência, buscando a quietude de uma montanha, para estar no acolhimento íntimo do Pai: *E deixando os discípulos, foi à montanha para orar* (Mc 6,46). O Isolamento nada tem a ver com a Solidão, embora pareçam sinônimos. Essa costuma ser a forma infeliz de a pessoa fugir da convivência, por medo de amar e ser amada. É sinal de insegurança e constrangimento, por não se sentir à vontade e capaz no meio das outras pessoas.

Em segundo lugar vêm os *Rituais*, expressões simples, superficiais e costumeiras de as pessoas se cumprimentarem, em um elevador, em um corredor de repartição pública, em uma rua qualquer, porque assim tratam as outras como apenas "conhecidas". Não há compromisso, apenas sinais de boa educação e cortesia: "Bom dia, como vai?", daí para a frente, chegando no máximo a uma troca de dezesseis lances de palavras. Esse tipo de encontro tem importância real, mantém o clima de sociabilidade, a sensação de sermos respeitados, de não estarmos perdidos sem ninguém neste mundo, de não sermos "zero à esquerda" ou "invisíveis".

[27] LIBANIO, J.B., O eterno Problema da Fé, p. 115.

Em terceiro lugar vêm as *Atividades em grupo*, oportunidades em que, junto com companheiros, ou de estudo ou de trabalho, encontramo-nos para realizar uma tarefa de alguma importância para a escola, instituição ou empresa a que pertencemos. Ali gastamos mais tempo, não apenas enquanto trocamos ideias e construímos juntos a solução de um problema comum. Sempre acontecem momentos de uma observação jocosa, de uma piada rápida de bom gosto, além de ser ocasião de irmos observando como os outros refletem ou não, assim como seu comportamento mais ou menos educado e conveniente. É evidente que se trata de uma aproximação já um tanto maior.

Em quarto lugar consideramos os *Passatempos*, no sentido preciso de ocasiões em que podemos gastar despreocupados nosso tempo em bate-papos, praia, clube, barzinho. O clima é de relaxamento e despreocupação, sem urgências e compromissos, onde a conversa rola por muito mais tempo, e é possível assim perceber melhor o caráter e a maneira de ser dos interlocutores. Com isso, ficamos sabendo em quem podemos confiar, ao observarmos se os outros são prudentes ou fofoqueiros, e com quem poderemos contar em momentos de necessidade, pelos testemunhos que já ouvimos de sua disponibilidade e generosidade. Ainda há pouca intimidade a esta altura.

Em quinto lugar e em uma aproximação muito mais chegada ao plano afetivo, podem surgir – infelizmente, é bom que se diga – os *Jogos Psicológicos*, relacionamentos de bastante intimidade e abertura entre duas ou mais pessoas, só que de maneira sutil e destrutiva[28]. São relacionamentos tóxicos, quase sempre menos conscientes, em que as pessoas se machucam mutuamente, ao defenderem "razões" aparentes, a partir de posicionamentos emocionalmente falsos. A proximidade aí é muito grande, mas negativa, podendo apresentar-se ou de maneira relativamente leve, como descortesia e grosseria; ou também em nível dramático dentro de

[28] Ver BERNE, Eric "Os Jogos da Vida", Editora Nobel, 1997.

casa, até chegar ao nível trágico, à agressão física e destruição da outra pessoa. Desde crianças, pela inevitável imperícia de pais e educadores e por seus maus exemplos e questionável equilíbrio emocional, todos nós vamos aprendendo a fazer tais jogos psicológicos. Podemos libertar-nos deles, com certeza, mas isso geralmente só acontece com ajuda profissional.

Finalmente, pela *Intimidade*, podemos chegar ao máximo de realização afetiva, experiência profunda e sentida entre duas ou mais pessoas, onde desaparecem barreiras pessoais no relacionamento. Existe grande abertura na comunicação de pensamentos e afetos. Na linha da confidência, cada pessoa sente-se à vontade para abrir o tesouro de suas vivências, de seus sonhos e projetos, porque o clima é de grande confiança. No plano dos afetos, existe abertura no plano físico, manifestando-se no abraço, no beijo, no toque sem malícia, até mesmo na união sexual.

Como diz a etimologia da palavra, intimidade vem de "intus", no latim, que significa "dentro". A interioridade humana, continente de imensa riqueza de cada pessoa, é fruto de anos de vivência, de experimentação, de reflexão, de decisões mais ou menos acertadas. Independentemente do grau de autoestima de cada indivíduo, é na realidade um tesouro digno de imenso respeito, só partilhado de acordo com a liberdade e a prudência.

Ninguém é forçado a expor suas ideias e seus projetos pessoais, suas inclinações e suas emoções. A ninguém interessa ser ingênuo, abrir-se sem mais e desnudar-se psicologicamente, diante de quem quer que seja, assim como não convém a ninguém se trancar socialmente e mergulhar no oceano escuro da solidão.

a) O humano sempre presente

Tudo isso me caiu sob os olhos, quando estava a refletir sobre os aspectos humanos da profunda comunicação que se dá no fenômeno da fé. O encontro pessoal com Deus, aliás, é uma belíssima experiência de intimidade. Dizem que, quando alguém se apaixona para valer, fica bobo. A repercussão ou vibração humanas podem ocorrer tanto no apaixonamento por uma pessoa humana, quanto no apaixonamento por Deus. A experiência com o Senhor atinge até a medula dos ossos. Nisso consiste a experiência da fé. Importa garantir em ambos os casos uma suficiente liberdade interior[29] e uma consequente simplicidade, quase infantil, que permitam captar o Outro sem deformações e apresentar-nos a Ele sem máscaras.

Pierre Weil, como psicólogo, encontrou a maneira de exprimir essas atitudes por meio de pequeno poema de sua lavra:

> Tu em ti, Eu em mim,
> Tu em mim, Eu em ti,
> Tu comigo, Eu contigo,
> Tu junto de mim, Eu junto de ti,
> Juntos amamos, juntos sentimos,
> Juntos pensamos, juntos vivemos,
> Pois Um mais Um
> Só dá Um[30].

O fenômeno divino da fé, como dom de Deus, no entanto, continua humano. Embora tudo aconteça pela força divina como dom, na comunicação profunda, a fé acontece de maneira visceralmente humana, porque Deus não prescinde das leis de nossa Psicologia, como afirmava Jesus: *Se alguém me ama, guardará minhas palavras, e meu Pai o amará e a ele viremos e nele estabeleceremos morada* (Jo 14,22).

Fique claro, portanto, que a experiência da fé não se reduz a uma comoção puramente psicológica, por mais impressionante que esta possa ser. Quero, isto sim, asseverar quanto nossa Psicologia colabora e quanto dela se serve o Senhor para manifestar-se.

---

[29] Ver meu livro "O Caminho da Liberdade Interior", Ed. Loyola, em que desenvolvo a ideia.

[30] WEIL, Pierre, O Corpo Fala, p. 135.

Habitualmente alguém, mesmo católico praticante, pode estar vivendo centrado de forma narcisista, enquistado sobre si mesmo. Sabe como? Feito caracol. Todos os valores giram como satélites em torno de seu Ego, feito centro mais por imaturidade e insegurança, do que por "orgulho" declarado e assumido como tal.

Também a Religião, a oração, o amor fraterno e o próprio Jesus Cristo giram a seu redor como carrossel bastante complicado. Os papéis sociais, a competição, a desconfiança, a projeção pessoal, as atitudes estereotipadas impedem a visão clara, objetiva e organizada do universo; são, para o Ego, como a capa córnea que o deixa enquistado, preso nele próprio, impedindo inclusive de se avaliar e de conhecer a si mesmo.

b) A explosão da experiência

Repentina, inesperada, imprevisivelmente, "não mais que de repente" no dizer do poeta, estoura o cisto, e o Ego é invadido de luz intensa e confortadora. Esse efeito maravilhoso, que só acontece entre pessoas, não pode ser programado, mas apenas favorecido. Houve casais (que se podem dizer felizes em outros vários aspectos), que nunca o experimentaram.

> É como se a própria essência da vida começasse a pulsar nos dois corações ao mesmo tempo; é um sentir recíproco da totalidade do ser de cada um, que passa a constituir um só; é o constatar, ou melhor, o sentir que nossa essência é a mesma; é a descoberta, em nós e no outro, ao mesmo tempo, do "'spons'", do sopro vital, da fonte de energia que move o Universo[31].

A experiência profunda da fé, consistindo no dom divino de luz e amor (como uma espécie de revelação ou des-velação do Senhor ao coração da pessoa), aproveita como veículo essa experiência humana, acima descrita. Com isso, longe de reduzir-se a um puro "frisson" ou arrepio da emotividade, aparece como um aspecto a mais de aplicação mística, mas realíssima e válida, da

[31] WEIL, Pierre, o.c., p. 138.

posse da natureza humana pelo Senhor, através do desenrolar-se da História dos homens. O próprio Pierre Weil, anteriormente citado, declara-o: "Para as pessoas religiosas é a descoberta de Deus em nós mesmos".

c) Superando a visão puramente psicológica

Admitindo, no fenômeno da fé, a manifestação de Deus, podemos reconhecer uma série de sintomas desse apaixonamento mais profundo e vivencial.

No que diz respeito a Deus, após o "clique", começa-se a encará-lo com objetividade, como Alguém presente em nós, e a gente nele: *Se nos amarmos uns aos outros, Deus permanecerá em nós, e seu amor em nós é realizado. Nisto reconhecemos que permanecemos nele e ele em nós: ele nos deu seu Espírito* (1Jo 4,12-13). Sente-se um profundo respeito por sua pessoa, sem nada de medo ou distância. Pelo contrário, a aproximação é tanta que sentimos vontade de chamá-lo até de "você", sem com isso pretendermos nivelá-lo por baixo, pela nossa estatura. Nem pensamos em "usá-lo" (como se fosse objeto ou talismã para quebrar galhos), mas sim em amá-lo.

Não pretendemos possuí-lo egoisticamente, como se fosse nosso bichinho de pelúcia ou de estimação, mas "reparti-lo de casa em casa"[32], no impulso de gritar a todos os ventos quanto Ele nos faz felizes, quanto Ele poderá tornar felizes todas as pessoas do mundo, sentimento válido, mesmo quando, por falta de ulterior aprofundamento, algumas assim convertidas deixam murchar esse entusiasmo apostólico.

No que diz respeito a si mesma, a pessoa sente riquíssima gama de efeitos, que podem ser aqui lembrados.

Empolgamento, entusiasmo, exultação incontida pela descoberta libertadora, pela expansão maravilhosa do Eu. O que vale para toda pessoa que supera obstáculos e alcança o resultado de

[32] Vale ver CUÉ, Ramon, "O Meu Cristo Partido".

seus prolongados esforços acontece, igual e psicologicamente, no fenômeno da fé. Novamente vale lembrar que Deus não prescinde de nada em nós ao acolher-nos no abraço de sua intimidade.

Sentir-se correspondido por um Amor infinitamente grande, nunca dantes percebido. Com razão dizia Madre Santa Teresa de Calcutá: "Há mais fome de amor e de admiração neste mundo, do que de pão". As pessoas vão aos shopping-centers, compram roupas e calçados da moda, apertam o cinto e fazem dívidas, desfilam depois gloriosas nos "points" do momento. Moças usam roupas chamativas, decotes mais ou menos ousados, brincos exóticos, arranjos originais. Tudo porque sabem ser importantes, querem ser vistas, admiradas e, por isso mesmo, queridas e amadas.

O amor é a força unitiva de todo o universo, desde a intimidade dos átomos, na visão empolgante de Teilhard de Chardin; toma desde então a forma de busca incoercível da unidade e da integração. No ser humano essa força transparece ainda mais clara e inadiável. Onde está presente, nos indivíduos ou grupos, existe paz e harmonia. Onde não, aparece luta e desarmonia. O amor inclui dois elementos: a união e o serviço. O amor, quer seja para consigo mesmo, quer para com os outros, quer para com Deus, procura sempre a união; quer estar mais que perto, quer até confundir-se com o outro formando uma integração.

Outro efeito é *encontrar-se consigo mesmo*, na descoberta e avaliação do próprio Eu. Já diziam os srs. Bispos no Concílio Vaticano II: *Na realidade, o mistério do homem só se torna claro verdadeiramente no mistério do Verbo encarnado* (*Gaudium et Spes*, n. 22). Quantas vezes ouvi jovens e adultos que, ao terminarem um retiro, em que tinham podido entrar em contato pessoal com Jesus Cristo, exclamavam com entusiasmo: "Eu me encontrei!" O provérbio, "Conhece-te a ti mesmo", atribuído a Sócrates e provavelmente provérbio popular, estava escrito sobre o pórtico do templo de Apolo em Delfos, na Grécia. Os filósofos gregos concluíram, com razão, que, a partir do conhecimento de si mesma, cada pessoa poderia atingir o conhecimento dos deuses. Com muito mais razão, podemos entender a relação entre a consciência de sermos cristãos e a descoberta pessoal de Jesus Cristo em nossa vida.

O *sentimento de segurança*, força e equilíbrio interiores é mais um efeito daquele encontro. Com razão, pois a segurança de uma pessoa está intimamente ligada à clareza de visão. Se uma pessoa entrar em um quarto escuro onde nunca havia entrado, necessariamente vai dar os primeiros passos arrastando os pés, porque pode haver degraus, e tatear com os braços à frente para não se chocar com algum móvel, até finalmente descobrir uma janela ou acertar o interruptor. Com a luz acesa, poderá agora até correr lá dentro, se houver espaço, porque está enxergando. Clareza sob qualquer nível é o segredo da segurança. Vale então lembrar o que dizia Jesus: *Eu sou a Luz do mundo, quem me segue não andará nas trevas, mas terá a luz da vida* (Jo 8,12).

Mais um efeito é o Sentimento de *comunhão com o Universo*, seja sintonizando com as coisas, seja sintonizando e cuidando da sorte dos outros seres humanos, em especial dos pobres e marginalizados. O mundo inteiro fica iluminado, adquire sentido, abre-se como um livro, porque agora tudo se harmoniza como conjunto harmonioso. Como acentua são João em sua primeira carta: Não há temor no amor; mas o perfeito amor lança fora o temor, porque o temor implica um castigo, e o que teme não é perfeito no amor (1Jo 4,18).

Vale lembrar a experiência de São Francisco Xavier no extremo oriente, quando a embarcação em que navegava foi colhida por forte tempestade de raios e trovões e era sacudida perigosamente; e ele, agarrado a um dos mastros, exclamava como que fora de si de admiração e arrebatamento diante do poder maravilhoso do Criador: “Basta, Senhor! Basta!” Não conseguia conter em si tanto amor e alegria. É o caso de lembrar também Santo Antônio falando com os peixes, ou Santo Afonso de Ligório e Santo Inácio de Loyola dialogando com Deus na beleza das flores e da natureza.

Surge também o *Sentimento de eternidade*, porque o que se passou entre Deus e a pessoa supera as barreiras do tempo, como prelibação da ressurreição. A experiência dos êxtases, como se conta na vida dos santos, levanta apenas uma ponta do véu dessa forma de deslumbramento diante do divino tão presente e tão íntimo. Não está longe da experiência das pessoas comuns, quando participam, por exemplo, de um evento especialmente agradável e gratificante, e confessam depois que não sentiram passar o tempo.

A *vivência do momento presente*, do "aqui e agora" intensamente vividos, ocorre sem se prender ao passado ou se preocupar com o futuro, porque o que se passou entre a pessoa e Deus supera as barreiras do tempo.

A lenda medieval, *O monge e o passarinho*, reproduzida pelo clássico P. Manoel Bernardes, conta que um monge saiu de seu mosteiro para andar pelo bosque próximo e lá se encantou com o canto de um passarinho. Ficou ali absorto e esquecido do tempo, até que decidiu voltar para casa. Ao chegar à porta, estranhou o porteiro do convento que igualmente não o reconheceu. O monge procurou explicar quem ele era, o Frei fulano de tal. Finalmente descobriram que havia se passado um século e que seu desaparecimento constava nos anais do mosteiro. *Pois mil anos são aos teus olhos como o dia de ontem que passou, uma vigília dentro da noite!*, como reza o Salmo (Sl 90,4).

Sentimento de *paz inebriante*, jamais experimentada, como efeito da integração do Eu em uma nova e mais válida hierarquia de valores, centrada no amor e no Absoluto.

Sentimento de *sinceridade e fidelidade*: sentir-se comprometido a partir de então com Jesus Cristo e empenhado por amor a lhe continuar fiel. A comunicação profunda *torna-se constante*, continua a efetuar-se a todo instante.

Este é possivelmente o critério mais importante para diferenciar o entusiasmo e a paixão, provocados pela espera de relações sensuais, dos sentimentos nascidos da Comunicação profunda[33].

A *espontaneidade*, quase de criança: vontade de pular, cantar, louvar ao Senhor, porque "é demais" o que está acontecendo no íntimo do coração. Foi isso que levou o rei Davi quando transportou da Arca da Aliança: *Davi e toda casa de Israel dançavam diante de Iahweh ao som de todos os instrumentos de madeira de cipreste, das cítaras, das harpas, dos tamborins, dos pandeiros e dos címbalos* (2Sm 6,5). *E Davi dançava com todas as suas forças diante do Senhor, cingindo um éfode de linho* (6,14). O rei vibrava de maneira tão extraordinária que escandalizou a própria esposa: *Mical, filha de Saul, que assomou à janela e, vendo o rei Davi que pulava e dançava diante do Senhor, desprezou-o em seu íntimo* (6,16).

Inclui-se aí a participação da *expressão corporal*, oração corporal como se costuma dizer, fazendo que o corpo e o espírito vibrem em uníssono, como é devido à unidade substancial da natureza humana. Embora sejam válidas e oportunas as orações chamadas "vocais", como fórmulas escritas desde muito tempo por cristãos nem todos conhecidos, há outras formas de rezar, além mesmo da oração mental. Eventualmente, por exemplo, bastarão gestos feitos diante do Senhor, para estarmos em união com ele, e de maneira bastante feliz: mãos postas em sinal de agradecimento, inclinação da cabeça como gesto de reverência e adoração, abertura dos braços para significar entrega e assim por diante, sem pressa e em total silêncio.

d) Algumas conclusões para sermos coerentes

O "conteúdo" da fé deve ser conhecido pelos cristãos: é importante a leitura orante, especialmente da Sagrada Escritura, assim como o cuidado frequente e até diário do estudo. Há felizmente muitos livros bons para isso. Em muitas dioceses existem já Escolas da Fé e até Cursos de Teologia para Leigos.

---

[33] WEIL, Pierre, o.c., p. 140.

Ter fé implica amar apaixonadamente a Jesus Cristo, como pessoa. Não é luxo nem privilégio de alguns cristãos. Esse amor é consequência de uma fé sempre mais aprofundada.

O tempo se encarrega de desmascarar a falta de autenticidade da fé, se estiver intelectualmente esclerosada, não atualizada, reduzida simplesmente a um agir cristão segundo modelos ultrapassados, mais chegados ao ativismo; digamos, modelos pré-vaticanos, sem desmerecer tantos verdadeiros apóstolos leigos e eclesiásticos do passado.

Uma catequese inteligente da fé deve adaptar-se pedagogicamente à idade evolutiva de cada um, partindo da vida concreta. Há felizmente estudos sérios e atualizados sobre Catequese, baseados em uma Teologia atualizada e nos dados da Pedagogia e da Psicologia.

A fé vibrante supõe oração, testemunho e transbordamento apostólicos, elementos que veremos mais adiante, ao refletirmos sobre a fase de Iniciação ao Mistério de Cristo e da Igreja. O Evangelho bem entendido leva a uma atitude radical no engajamento. Jesus, *chamando a multidão, juntamente com seus discípulos, disse-lhes: "Se alguém quiser vir após mim, negue-se a si mesmo, tome a sua cruz e siga-me. Pois aquele que quiser salvar sua vida, perdê-la*-á; mas, o que perder sua vida por causa de mim e do Evangelho, *salvá-la-á. Com efeito, que aproveita ao homem ganhar o mundo inteiro e arruinar sua própria vida?* (Mc 8,34-36).

Ter fé é sempre um risco, embora calculado e livre. Uma pessoa, quanto mais amadurecida, menos restringe seus conhecimentos e suas certezas, baseando-se apenas no que disseram papai, mamãe ou quaisquer outros, exigindo criticamente a verificação das realidades. No entanto, justamente por ser mais madura, a fé entra na experiência do amor e da amizade, em que nada precisa ser verificado além do testemunho e das afirmações do outro: cada um tem de se contentar com a leitura dos símbolos do amor por meio da vida, na tentativa de aprofundar o mistério criado entre eles.

A pessoa de caráter para o século XXI será alguém penetrado pela experiência vivencial da fé e, por consequência, testemunha do Senhor Jesus; alguém que, mesmo sem ter atingido toda a maturidade humana e cristã, respire segurança interior e incuta confiança nos demais; alguém que, sem beatice de qualquer espécie, tenha a vida interior como necessidade, como algo conatural; alguém que a procure desenvolver constantemente pela oração, pelo estudo e pela prática frequente dos sacramentos, que não se deixe abater facilmente pelos revezes nem entre em fossa por qualquer dificuldade; que, pela simples presença, leve os demais para algo melhor, mais puro e positivo.

2. As fases do crescimento na fé

2.1. Alienação

Mais do que fase, situação de desligamento da pessoa, sem qualquer interesse sobre o sentido da vida e da religião, voltada apenas para vãs teorias ou para interesses imediatistas e materiais. São Paulo a descreve com cores fortes, especialmente na Carta aos Romanos. Aponta para a incoerência dos seres humanos que, tendo diante dos olhos a magnificência da Criação, não souberam e não quiseram honrar o Criador (Rm 1,18-32).

Essa é hoje, como em todos os tempos, a situação de grande parte da Humanidade, vivendo no desvio, na ignorância ou na maldade.

2.2. Pré-evangelização

A primeira fase no caminho da fé, que chamo de PRÉ-EVANGELIZAÇÃO ou de "Infância na Fé", é a da pessoa envolvida e mais ou menos angustiada com seus problemas de personalidade, sexo, aceitação social, rejeição familiar, desenvolvimento físico e saúde, deficiências culturais, conflitos no mundo do trabalho e até ignorância religiosa. Digo "angustiada" como poderia dizer "inquieta", pois a pessoa poderia estar assoberbada de problemas e, ainda assim, continuar acomodada, como é o caso dos que desistem de lutar ou de procurar caminhos de solução.

A situação de quem está entrando nessa fase é comparável à de alguém preso em um quarto escuro, a tatear desesperadamente as paredes em busca de um interruptor ou de alguma abertura, para ver a si mesmo, tomar o pulso de sua situação e descobrir possibilidades de libertação. Pode-se dizer que alguém entrou no processo de crescimento, não pelo fato de ter problemas (porque afinal de contas todos os têm), mas pela tomada de consciência deles. Em outras palavras, quando se introduz nele o "sentimento de carência", a consciência da necessidade. Alguém, ao lhe serem apresentadas essas ideias, confessava: "Parece que estou sempre recomeçando. Estou à busca de um Cristo profundo, mais como um pagão do que como um judeu convertido".

Apelando para a analogia do apaixonamento, usada anteriormente, cada um dos possíveis parceiros estaria livre e desimpedido, sentindo, porém, o desconforto de estar só, com o desejo mais ou menos claro de encontrar alguém que preencha sua fome de afeto e companhia. Será tanto mais fácil acontecer de alguém se apaixonar, quanto mais aguda for a consciência de querer amar e ser amado.

Tal qual aconteceu também com o Povo Escolhido, esquecido de Deus na fartura do Egito, até o momento em que foi escravizado e sentiu na carne a necessidade de libertação. Foi então que levantou unânime o clamor ao Deus, que salva. É próprio, então, dessa pessoa em estado de pré-evangelização, que, por si só e muito também com ajuda de outros, vá se conscientizando de seus problemas e suas necessidades espirituais, das soluções "humanas" iniciais e que busque, sinceramente, libertar-se para algo novo e mais autêntico, mesmo que no momento ainda não possa defini-lo com clareza.

> A fé reta orienta a razão para se abrir à luz, que vem de Deus, a fim de que ela, guiada pelo amor à verdade, possa conhecer Deus de forma mais profunda. Os grandes doutores e teólogos medievais declararam que a teologia, enquanto ciência da fé, é uma participação no conhecimento que Deus tem de Si mesmo. Por isso, a teologia não é apenas palavra sobre Deus, mas, antes de tudo, acolhimento e busca de uma compreensão mais profunda da palavra que Deus nos dirige: palavra que Deus pronuncia sobre Si mesmo, porque é um diálogo eterno de comunhão, no âmbito do qual é admitido o homem.[33] Assim, é própria da teologia a humildade, que se deixa "tocar" por Deus, reconhece os seus limites diante do Mistério e se encoraja a explorar, com a disciplina própria da razão, as riquezas insondáveis deste Mistério[34].

Essa fase já é dom de Deus. Os missionários de qualquer tipo, isto é, dentro de nossas cidades ou nos chamados "países de missão", não fazem mais que ajudar as pessoas a equacionar desse modo seus problemas. Porque só Deus dá a graça de encontrarem a solução. Só Deus converte, pois só ele tem acesso aos corações. Os agentes de pastoral, em qualquer lugar do mundo, terão tanto maior capacidade de ser instrumentos da ação de Deus, quanto mais convertidos estejam eles mesmos; caso contrário serão apenas "como um bronze que soa ou um címbalo que tine" (1Cor 13,1).

2.3. Evangelização

A segunda fase, chamada de EVANGELIZAÇÃO propriamente dita e correspondente à Adolescência da fé, mais se deveria dizer fenômeno que fase. É ponto sem dimensão, um acontecimento, marco, antes do qual, segundo o qual e depois do qual tudo o mais começa a definir-se em sua vida. É experiência vivencial que pressupõe alguma preparação intelectual mínima, apenas como condição de suprimir preconceitos.

---

[34] PAPA FRANCISCO, Lumen Fidei, 36.

No entanto não é fruto desse trabalho de esclarecimento, que vem de fora. É iluminação que vem de dentro, pela infusão do Espírito de Deus, como aconteceu com o jovem Davi ao receber de Samuel a unção para ser rei: *O espírito de Iahweh precipitou-se sobre Davi a partir desse dia e também depois* (1Sm 16,13); invasão gratuita e amorosa, pela qual Deus toma posse do que é seu, quando encontra o mínimo de condições da parte do sujeito. Tanto assim que se encontram pessoas altamente informadas, até a respeito de Teologia, lidas sobre infinidade de aspectos das ciências e da fé, e, no entanto, praticamente sem fé.

Evangelização é experiência vivencial da fé, favorecida sem dúvida pelo esforço pessoal de sermos objetivos (isto é, honestos conosco) e pela presença de um clima de amor dos que já a possuem. Como acontece com o pão fermentado, à espera da hora de ir para o forno: só cresce se houver suficiente calor no ambiente. Mas é, sobretudo, a chance que a luz encontra finalmente de penetrar em nosso quarto escuro (retomando a metáfora), desde o momento em que fomos capazes de encontrar por nós ou por outros a maçaneta da porta ou o trinco da janela.

A luz divina jorra impetuosa, espancando nossas trevas interiores, mostrando-nos a nós mesmos, elucidando nosso posicionamento no mundo e a verdadeira situação de nossa vida, seu sentido atual e eterno. Do mesmo modo como, por meio da porta finalmente aberta, podemos divisar o caminho iluminado que se alonga bem definido até a fonte da luz.

Sendo experiência singular e intransferível, é difícil entendê-la para quem não a experimentou, assim como acontece com alguém que nunca tivesse visto e provado uma laranja: jamais lhe seria suficiente qualquer explicação, enquanto não tivesse contato pessoal com uma delas.

Na analogia do Povo Hebreu fugindo da escravidão no Egito, a pessoa sente-se repentinamente confrontada com novo "Monte Sinai", recebendo a revelação do Senhor Iahweh entre manifestações fortíssimas, não mais de terremotos, raios e trovões, mas de luzes e emoções internas, e com a visão de novas "tábuas da Lei", expressas agora na descoberta do Deus Amor, gravado na tábua do próprio coração.

Na analogia do apaixonamento, esse é o momento do clique que faz a ligação dos dois corações. É o momento do "choque" interior, do arrebatamento sem palavras, do calor inexplicável e do enlevo que toma conta das pessoas e as deixa como que fora de si. Estão amando, e nada podem fazer no momento, além de sentir a irrupção de imensa energia, maior que elas, estonteante, envolvente, fulgurante, avassaladora.

Com efeito, *três resultados* são imediatamente sentidos nessa experiência de iluminação interior. O primeiro costuma ser descrito pelos que a experimentam, com esta exclamação significativa: "Eu me encontrei!", indicando mais exatamente a descoberta do sentido da vida, como poderosa luz que desfaz os mistérios de nosso Eu.

O segundo é o encontro com o Amor, encarnado em uma pessoa, a descoberta do amigo indefectível, da felicidade perfeita pressentida e sentida no encontro pessoal com Cristo. Fé, portanto, e mais exatamente falando, não é tanto a aceitação de verdades, mas, muito mais e principalmente, a aceitação de Alguém, que irrompe em nossa vida e avassala todo o nosso ser com a força de seu encanto. Os problemas humanos de até então começam a ser vistos sob a luz intensa do Evangelho, a Boa-Nova da vida.

Cristo mesmo é compreendido como a solução de todos os problemas, escolhido apaixonadamente como objeto de nosso amor. Essa opção por ele, consciente e livre, é nossa resposta pessoal ao diálogo iniciado por Deus. Aliás, Cristo, Palavra viva com que o Pai se comunica aos homens, é a forma especialmente delicada e persuasiva de que Deus se serve para entrar totalmente em contato conosco. *Tu me seduziste, Iahweh, e eu me deixei seduzir; Tu te tornaste forte demais para mim, Tu me dominaste* (Jr 20,7).

"Seduziste-me, Senhor, e eu me deixei seduzir: numa luta desigual, dominaste-me, Senhor, e foi tua a vitória (Refrão).
1. Vantagens e honras são perdas para mim, diante do conhecimento deste bem supremo que é Cristo, meu Senhor.
2. Para conhecê-lo fui longe e me perdi. Agora que o encontrei, não quero mais deixá-lo.
3. Nada sou na minha justiça que é só aparência, mas tudo sou na justiça de Deus que nasce da fé em Cristo.
4. Quero conhecê-lo ainda mais e a força da sua ressurreição. Sei que conhecê-lo é sofrer e morrer com Ele, mas a vida é mais forte[35]."

Diante dele é inevitável uma tomada de posição. A evangelização é, em consequência, o "momento divino" da primeira descoberta e adesão vital ao Deus pessoal em Cristo, no encontro explícito com ele. Convém lembrar que especialmente aqui se realiza sua afirmação: "Nisto conhecerão todos que sois meus discípulos, se vos amardes uns aos outros" (Jo 13,35). Isto é, assim como algumas plantas medram e florescem apenas em certos climas, assim também a plantinha da fé só vinga e abotoa no ambiente do amor cristão.

Esse amor vivo e forte é a imagem palpitante do Deus presente: é o próprio Espírito de Cristo a persuadir a fé interiormente, diante do espetáculo quase milagroso de pessoas que superam seus egoísmos e prestam serviço mutuamente por amor a ele. Vale lembrar aqui a transformação do elegante e vaidoso doutor da Sorbone, Francisco Xavier, depois que aceitou fazer a experiência dos Exercícios Espirituais de S. Inácio, tornando-se o grande apóstolo do Extremo Oriente e, hoje, o Patrono Mundial das Missões. Quem teve a experiência de algum curso ou encontro intensivo, como, por exemplo, Cursilho de Cristandade, Encontro de Casais com Cristo ou semelhantes, em que adultos ou jovens conviveram por vários dias no clima do amor sincero e desinteressado com que foram tratados, só pode confirmar tal afirmação.

---

[35] Canta, Povo de Deus, n. 827.

> A pessoa é entendida como abertura, por isso como possibilidade de encontro e de enriquecimento. O encontro acontece, não por pura sorte; pode ser casual, é vivido como dom e como gratuidade. O encontro significa uma abertura pessoal que se encontra com outra abertura pessoal. Deve ser gratuito e livre. Se não o for, não é encontro; seria realização mecânica, obedecendo a critérios fixados. O encontro modifica ambos os participantes: é mútuo reconhecimento, confiança, agradecimento, sinceridade e fidelidade. Confere uma plenitude de sentido que emerge de forma imprevisível. Não podia ser deduzido nem era obrigatório. E, contudo, aconteceu. Nascido de duas liberdades. Encontro significa então um crescimento de ser e de viver, como concretização do possível gratuito no homem. É dentro deste contexto que se torna significativo falar em experiência da graça[36].

O terceiro resultado é a segurança que imediatamente toma conta de toda a nossa personalidade. Sentimo-nos fortes como nunca, capazes das maiores vitórias. É a esperança que nasce espontânea da certeza da fé. É autêntica essa reação emocional, nem deve ser desprezada como mero entusiasmo sem fundamento. Tem raiz, embora ainda pequena e frágil, que precisa ser protegida e desenvolvida com as etapas seguintes.

De tudo isso, concluímos de novo que a fé ou evangelização propriamente dita, *mais que uma fase, é um fenômeno de encontro*, acontecimento transcendental, revolução interior, espécie de passagem do Rubicão, lançando-nos audaciosamente no desconhecido dos mistérios de Deus. É fato inteiramente novo, trazendo-nos de imediato a profunda satisfação de estarmos acertando sem ilusões. É fenômeno espiritual, vivência da pessoa toda, incluindo, portanto, mas não necessariamente, os sentimentos de gozo e alegria, lágrimas e exultação.

Contudo, como a prática vem confirmar de sobejo, o essencial da fé é a adesão consciente a Cristo, tomado-o como *alguém muito real* em nossa vida. O apego aos aspectos sensíveis dessa experiência, verdadeiros, consoladores e válidos, só poderia perturbar-lhe a segurança e infirmar-lhe a certeza, se não nascesse de uma petição humilde.

---

[36] Boff, Leonardo, A graça libertadora do mundo, p. 41.

2.4. Iniciação ao mistério de Cristo e da Igreja

Consiste em começar a viver, após o "nascimento" acontecido na evangelização, semelhante ao *começar a namorar* explicitamente, após a declaração de amor. Tudo é novo, como nova é a paisagem que, após atravessarmos um túnel escuro, se escancara aos olhos na outra vertente da montanha. O parto, muitas vezes, doloroso da fé nos dá agora a visão divina das coisas antigamente desbotadas. Faz-nos ver em seu colorido original (divino) as realidades outrora descoradas e sem sentido, fruto de certa miopia egocêntrica anterior e do sentimento agudo de nossos problemas. Transposto esse obstáculo, começamos a aspirar à vida a largos haustos.

Inicialmente sentimos a necessidade urgente de conhecer melhor o amigo Cristo, sua vida, sua mentalidade, suas obras, da mesma forma que os novos namorados querem saber tudo um do outro: onde moram, o que fazem, onde estudam ou trabalham, as comidas de que gostam, as artes e os esportes preferidos. Assim é que o Evangelho, lido e meditado como livro de cabeceira, o estudo da doutrina cristã (incluindo até mesmo Curso de Teologia para leigos), a leitura de livros de formação, tudo conduz ao aprofundamento da experiência feliz realizada.

Além disso, começamos a ver como necessária a luta sem respeito humano contra os próprios defeitos (melhor diria, a favor das virtudes que percebemos nos estarem faltando) e contra as oposições do ambiente (também aqui, melhor diria, a favor de relacionamento mais feliz com o ambiente), para a defesa do novo ideal. Defeitos e oposições continuam como dantes, mas existem agora motivos fortes para toda uma renovação. Nesta fase, que corresponde à entrada na Juventude Espiritual, tornam-se urgentes novas experiências, tentativas de apostolado, iniciativas na forma pessoal de rezar.

Pode acontecer o chamado "ponto morto", como ocorre pouco tempo após se iniciar o aprendizado de qualquer outra coisa: passada a novidade, percebem-se, melhor que antes, as dificuldades que nos esperam na posse de um novo estudo (violão, piano, inglês...). Sente-se, em nosso caso, a verdade daquilo sobre o que Cristo prevenira: "Entrai pela porta estreita. Pois larga é a porta e espaçosa a estrada que conduz à perdição, e muitos são os que enveredam por ela. Mas estreita é a porta e apertada a estrada que conduz à vida, e quão poucos a encontram!" (Mt 7,13-14).

Pode haver também alguma decepção a respeito dos cristãos mais antigos "que deveriam dar exemplo" e que, como se diz, no entanto, criam casos, às vezes ofendem, faltam à caridade (ou ao menos à educação) e praticam atos que não condizem com o que professam. São muitos os recém-convertidos que se escandalizam com tudo isso e se deixam abater diante de tais fatos, chegando mesmo a voltar momentaneamente a duvidar da fé que abraçaram.

Sente-se aí a imaturidade da plantinha que já se julgava um carvalho e não suportava a ideia de ser ainda vergôntea ou haste, flexível ao vento das tempestades. O importante é encontrar nos próprios princípios, no Evangelho ou no apoio amigo de outro cristão (orientador ou acompanhante espiritual de preferência), o sentido do essencial, da verdade, da limitação humana, da fidelidade de Deus.

Essa é principalmente a época em que nos iniciamos com mais consciência na *vida sacramental*, descobrindo as alegrias do amor de Cristo na Eucaristia, a bondade inesgotável do Coração do Pai no sacramento da Penitência. Por trás dos véus dos símbolos, constitutivos de todo sacramento, precisamos ir descobrindo as riquezas imensas reservadas desde já por Deus a seus filhos, como antecipação dos mistérios celestes. Há muito que conhecer, que estudar, que experimentar nesse campo, a bem dizer sem limites.

Com essa experiência na Liturgia, como oração oficial da Igreja, precisa a pessoa ir-se aprofundando na vivência pessoal da *oração individual*, descobrindo as modalidades com que pode comunicar-se com Deus. Irá aprofundar-se no conhecimento afetuoso da Sagrada Escritura, como "Livro da família" ou livro de cabeceira.

Inclui-se, nessa terceira etapa de crescimento, *o Estudo* das verdades da fé. Não apenas na leitura de algum catecismo, mas na participação em cursos de aprofundamento, na leitura de livros sobre os vários temas (que felizmente vão existindo em abundância e qualidade) e até mesmo começando um curso sistemático de religião; muitos leigos hoje em dia estão cursando a Teologia.

A fé, embora inclua mistérios estritamente ditos, por escaparem de nossa limitada compreensão, como a Trindade e a Encarnação, continua sendo objeto de nossa inteligência e precisa ser razoável para poder ser aceita. Estudar a própria religião não deveria ser interesse de alguns poucos, mais fervorosos e interessados em ler, mas precisa ser compromisso de todo cristão que se preza. No entanto a organização atual de nossas "comunidades" não parece favorecer muito tal propósito.

Faz ainda parte dessa etapa que aquele que conheceu o amor de Jesus Cristo comece a fazer coisas por ele, a imitá-lo em seus exemplos e a espalhar por toda a parte a grande novidade de sua descoberta. A *Ação* como "estagiário" de apóstolo, se assim podemos dizer, é consequência natural e espontânea de quem aprendeu a amar, como acontece com aquele ou aquela que se apaixonou por sua outra metade e tem necessidade de falar dessa pessoa "incrível" que veio trazer novo sentido a sua vida.

Isso ocorre dentro da afirmação do próprio Jesus Cristo: "A boca fala daquilo de que está cheio o coração" (Lc 6,45) e "onde está teu tesouro aí estará também teu coração" (Mt 6,21). Vale lembrar aqui a comparação do copo d'água: ele começa a transbordar a partir do momento em que está cheio. A respeito, vem reforçar nosso ponto a lembrança de duas parábolas, a do tesouro escondido no campo e a da pérola de grande valor. A primeira, do tesouro, indica a iniciativa de Deus, atraindo-nos para a descoberta maior de nossa vida. A segunda, da pérola, quanto é importante fazermos nossa parte como colaboração com a oferta preciosa da Graça.

2.5. Engajamento

A passagem para a 4ª fase do processo de crescimento na fé supõe a entrega e dedicação ao trabalho anterior, o de Iniciação. Ou, por outra, tanto mais rapidamente mergulharemos nessa nova fase de ENGAJAMENTO NA IGREJA CONCRETA, quanto melhor houvermos trabalhado na vida de *Oração, Estudo e Ação* apostólica. A 4ª fase corresponde à *maturidade na fé*, algo que flui na vida interior, do mesmo modo como acontece no crescimento bio-psicológico de qualquer ser humano. Maturidade, convém dizer, é um dado relativo. Não significa que alguém esteja pronto e acabado, mas que atingiu, a essa altura, a posse de um ideal empolgante, que vai crescendo em seu coração.

Essa fase supõe, portanto, maturidade psicológica suficiente para nos apaixonarmos por um ideal, a ponto de chegarmos a uma definição vocacional, no caso, a serviço da Igreja de Cristo, seja como Leigo(a), seja como Religioso(a), seja como Sacerdote. Isto é, à medida que crescemos na vida cristã, sentimos a necessidade de nos comprometer com o Cristo Místico, a Igreja concreta, consagrando-nos a serviço do povo de Deus, em algum dos setores que mais corresponda a nossas aptidões e ao impulso interior do Espírito Santo, que nos move e nos convoca.

Na analogia do apaixonamento, isso acontece como quando dois namorados, após bastante tempo de mútua experiência e de verificação de bom número de afinidades, decidem pelo que se chama de namoro sério ou noivado. Supõem haver suficientes provas de que um foi feito para o outro, mesmo sabendo que a vida a dois ainda trará novidades sem conta.

Definida a essa altura nossa posição eclesial, *toda a vida se torna consagração*, intimamente unida à consagração de Cristo na Eucaristia, a qual inclusive se torna o centro de nossa espiritualidade. Por outras palavras, a Santa Missa e a Adoração ao Santíssimo começam a significar o povo de Deus reunido em torno da mesa do Pai. Torna-se necessidade vital o recurso frequente e até diário à comunhão do Corpo e Sangue de Cristo.

Exemplo disso, entre muitos outros, foi a jovem venerável Edel Quinn, missionária leiga da Legião de Maria na África, onde se dedicou a um apostolado heroico até a morte, sem nunca mais voltar a sua pátria, a Irlanda. Enfrentava diariamente longa caminhada para participar da Eucaristia, a que ela atribuía a graça de poder prosseguir na missão com incansável zelo, apesar da saúde delicada. Ou o jovem Beato Carlo Acutis, de apenas 15 anos, que, sofrendo de leucemia, ofereceu a vida a Deus em favor do Papa e da Igreja. Depois de fazer a Primeira Comunhão, desenvolveu grande devoção à Eucaristia e fazia longa adoração ao Santíssimo antes ou depois da Missa, da qual procurava participar sempre que podia.

A consciência de sermos Igreja nos urge a vivermos em COMUNIDADE, onde reine tal espírito de fraternidade, que supere a simples amizade; onde vivamos nossa "missão pessoal" no povo de Deus, conscientes da vocação missionária de toda a Igreja.

Embora essa fase se caracterize por uma grande estabilidade de espírito e pela maturidade na comunicação com Deus, justamente se manterá assim à medida que sustentemos com atenção constante nossa parte nessa comunicação. Aliás, isso é verdade também nas fases anteriores. Deus não falta com sua graça. Nós é que podemos faltar com a devida dedicação ao espírito e à prática da oração.

Eis o ponto nevrálgico, o calcanhar de Aquiles de todo cristão, até mesmo os de vida consagrada. É possível involuirmos na fé por "falta de combustível", por nos termos descuidado e "desligado da tomada". O resultado é penoso e surpreendente para quem desconhece tal processo: porque, então, hesita-se quanto à validade da vida comunitária, duvida-se do amor de Cristo, rescinde-se o compromisso da vocação, seculariza-se o amor (no sentido de "paganiza-se"), afrouxa-se o ímpeto apostólico, admitem-se queixas pessoais e melindres fáceis. Enfim, volta-se para trás com espantosa rapidez, indicativa não da pobreza do ideal, mas da fraqueza e instabilidade humanas.

Por outro lado, é grande a satisfação de quem humildemente vai conquistando essas posições, podendo aí desfrutar de um começo do Céu na terra.

3. Crescimento grupal na fé

Um grupo cristão, de maneira semelhante a qualquer grupo humano, percorre as mesmas etapas enquanto grupo de crentes. As experiências precedentes de fé, por parte de cada um, hão de atenuar as demoras no crescimento grupal, porque trazem uma predisposição para o acolhimento mútuo e para o amor fraterno. Mas, mesmo assim, a Graça só atuará na medida em que encontrar a devida conversão ou colaboração da natureza.

3.1. Os desligados

A multidão dos "fiéis" que, na melhor das hipóteses, comparecem com bastante regularidade às missas nos fins de semana, ali estão mais para "pagar o carnê de S. Pedro" (isto é, cumprir a obrigação). "Assistem" à Missa, chegam mesmo a participar afetivamente, prestam atenção à pregação e podem levar para casa e para a vida lições proveitosas. Mas ficam à espera de que alguém os chame, como os operários da undécima hora. Podem ficar nessa atitude de isolamento mais ou menos estéril por toda a sua vida, porque não se dispõem a apresentar-se para servir em algum dos setores da pastoral paroquial.

3.2. Os Conhecidos Inquietos (infância grupal)

O grupo de Conhecidos Inquietos, correspondente à fase psicossocial de Reunião, traz, já em semente, o desejo de colaboração e a vontade de construir alguma coisa juntos, para o bem do Reino de Deus. Corresponde à fase de Pré-Evangelização, de Encontro Implícito com o Cristo Místico, pela remoção de obstáculos à Boa-Nova e pela busca interessada de soluções aparentemente só "humanas" para os problemas de personalidade, vida social e religiosidade. Assim também pode interessar-se em oferecer seus serviços na assim chamada "comunidade paroquial". Querem "fazer coisas", sujeitos a querer despontar no ambiente com alguma vaidade e a querer mostrar suas capacidades pessoais. Muitas vezes quererão trabalhar sozinhos, achando que é melhor agirem sós do que mal acompanhados de pessoas lerdas ou menos interessadas. Não sabem trabalhar em equipe e sentem-se um tanto desconfiadas em partilhar seus pensamentos no grupo em que entraram.

3.3. Os amigos apaixonados (fase adolescente do grupo eclesial)

Tendo crescido o conhecimento mútuo e a noção do que significa o encontro pessoal com Jesus Cristo, transportam para o grupo a ideia de todos serem ramos da mesma videira, membros do mesmo Corpo Místico. Descobrem-se como "amigos no Senhor", usando, conscientemente ou não, o lema "Um por todos e todos por um!" Vivem o que propõe São Paulo na carta aos Romanos (capítulo 12 todo), "com amor fraterno, tendo carinho uns para com os outros, cada um considerando o outro como mais digno de estima...". Por isso vão aprendendo a confiar cada vez mais uns nos outros e a aceitar uma colaboração humilde e disponível de sua parte para o trabalho grupal. O Grupo de Amizade pode ir acontecendo na medida do equilíbrio de cada um e do humilde reconhecimento do valor dos outros, na certeza de que todos são membros do Corpo de Cristo.

3.4. A equipe missionária (fase jovem do grupo eclesial)

Cresce o vínculo da amizade juntamente com o aumento da experiência da fé. A Equipe se firmará com a ausência do espírito de competição e vaidade e com o interesse em reconhecer Cristo como centro e razão de ser de toda obra apostólica. Enquanto aprendem a caminhar com Deus, pessoalmente e em grupo, vai surgindo a necessidade de promoções que favoreçam a *Espiritualidade* e de *Cursos* de aprofundamento sobre as verdades da fé. Despontam igualmente iniciativas de zelo pela expansão do Reino de Deus. Desenvolvem-se em cada membro do grupo as *capacidades de liderança*, juntamente com o gosto de correr riscos no trabalho de evangelização. O clima do grupo é preferencialmente de ânimo e generosidade, de alegria e disponibilidade. São bem-vindas as propostas tanto do Pároco quanto da diocese, tendo em vista uma perspectiva mais ampla do que seja o Povo de Deus.

3.5. Comunidade comprometida (fase adulta do crescimento grupal)

A Comunidade Cristã será o fruto do amadurecimento das atitudes anteriores, embora se deva contar sempre com as fraquezas de cada ser humano. A Comunidade é a UTOPIA, é o SONHO de Cristo, sempre inatingível, mas sempre digno de ser perseguido. O vínculo da amizade transforma-se em *fraternidade*, a confiança mútua revela-se na intimidade e na partilha de coração a coração.

Mais que nunca, todos os membros são "um só coração e uma só alma" (At 4,32), na maior parte do tempo. A *missão comum*, identificada com a missão de Cristo e da Igreja, empolga a todos como IDEAL que dá sentido à própria vida.

O engajamento pessoal ao serviço de Cristo desdobra-se e amplia-se como autêntico *compromisso* com a COMUNIDADE CRISTÃ. Em um processo de aceleração constante, cresce a doação de cada membro, assim como todo o grupo vai aprendendo a comportar-se como CORPO APOSTÓLICO. A Comunidade não representa mais, como talvez em fases anteriores, um lugar de refúgio e acomodação. Agora é uma central missionária, foco de irradiação da graça evangelizadora de Cristo.

IV

SÍNTESE: O PROCESSO HUMANO E O CRESCIMENTO NA FÉ

Processo de Crescimento Humano

Objetivos

Acredito na importância fundamental dessa reflexão para embasar quaisquer colocações sobre "comunidade eclesial". "A graça supõe a natureza e a aperfeiçoa", como ensina a Teologia. A comunidade cristã (*graça*) supõe o conveniente crescimento da pessoa humana, como indivíduo e como grupo (*natureza*).

Além disso, como toda a realidade criada existe sob *processo* (consequência da sujeição ao fator Tempo), precisamos considerar a correlação entre os quatro processos: os dois processos no plano humano (individual e grupal) e no plano da fé. Ou seja, *crescemos por etapas* em todos os planos.

Parece-me muito necessário que os que desejam fazer parte de uma Comunidade autêntica comecem a construção do novo estilo de vida pelo começo, sem saltar por cima dos devidos passos no processo de crescimento. Procurarei desenvolver aqui brevemente o tema nas duas seções seguintes.

A. O PROCESSO DO CRESCIMENTO "HUMANO"

1. **O crescimento individual** – atravessa quatro etapas distintas, segundo a Psicologia do Desenvolvimento: Infância, Adolescência, Juventude e Idade Adulta (que inclui a Senectude).

1.1. A Infância é caracterizada pelo EU, ou seja, pela identificação do mundo consigo.

1.2. A Adolescência, pela abertura para o TU, no desejo de conhecer-se melhor por meio dos amigos.

1.3. A Juventude (NÓS), pela amizade mais sólida e pelo desejo de fazer experiências novas e correr riscos.

1.4. A Idade Adulta (TODOS, O UNIVERSAL), pela maior estabilidade de vida (profissional, casamento...), pelo interesse maduro no que é universal e pela Sabedoria.

2. **O crescimento grupal** corre em paralelo. Todo agrupamento humano, em desenvolvimento normal, atravessa também essas etapas.

2.1. A *Reunião* é a fase infantil e imatura dos que se encontram sem conhecimento prévio, levados a estar juntos apenas porque todos procuram o mesmo objetivo (EU), como: ver um filme no cinema, ser levados ao mesmo destino em um ônibus, começar a trabalhar na mesma empresa (escritório, escola...).

2.2. O Grupo de *Amigos* é a etapa adolescente, em que as pessoas, além do primeiro interesse (que era mais pessoal), começam a abrir-se e a interessar-se uns pelos outros (TU). Esse conhecimento leva à estima e até ao primeiro amor, segundo o provérbio: "Só se ama o que se conhece".

2.3. *A Equipe* vem em seguida, como etapa jovem do grupo, quando as amizades se confirmam e iniciativas começam a surgir, ora de um ora de outro membro do grupo (NÓS). É a oportunidade de se desenvolver na maioria a capacidade de liderança.

2.4. *A Comunidade Psicológica*, etapa adulta, vem coroar (sem esgotar) o processo de crescimento grupal. Supõe o mais ou menos longo desenvolvimento de todas as etapas anteriores. Não acontece por decreto nem de repente. Não se improvisa, nem basta que um grupo seja chamado de "comunidade" para que o seja. Vive um mesmo ideal empolgante, que arrasta todos os membros do grupo na mesma direção. Mais que amigos, sentem-se irmãos, sob o lema: "Um por todos, e todos por um!"

B. O PROCESSO DE "CRESCIMENTO NA FÉ"

1. O crescimento individual na fé

Em admirável correlação com os processos precedentes, a experiência da fé atravessa etapas semelhantes. Apenas se acrescentaria uma fase anterior de "alienação", comparável à situação do povo hebreu desfrutando das benesses do Egito e esquecido de Deus, ou a de um jovem ainda desinteressado no amor por alguma jovem.

1.1. A fase *infantil* (Pré-evangelização) corresponde à situação de inquietação e ao sentimento de carência do EU (como o povo hebreu sentindo o peso da escravidão, ou o jovem começando a perturbar-se com a presença de uma jovem). É a fase da superação dos impedimentos e remoção de obstáculos à fé. – Experiência dos sacramentos do Batismo e da Penitência.

1.2. A fase *adolescente* (Evangelização), mais que fase, é encontro pessoal, experiência do TU divino, do transcendente (como os hebreus ao pé do Sinai, ou como os jovens no momento sublime do apaixonamento). – Experiência do sacramento da Eucaristia.

1.3. A fase *jovem* (Iniciação ao Mistério de Cristo e da Igreja, seu Corpo Místico) consiste em aprender a conviver com Deus (o NÓS) (como os hebreus começando a caminhar com Deus no deserto, ou como os jovens que decidem começar o namoro e se procuram com frequência). É uma longa jornada de Oração, Estudo e Experiências apostólicas. – Experiência do sacramento da Crisma.

1.4. A fase *adulta* (Consagração ou Engajamento) revela certa maturidade ou estabilidade na vida cristã, assim como a disponibilidade para qualquer serviço (TODOS, o Universal), (como os hebreus entrando na Terra Prometida, ou os jovens oficializando o Noivado). – Experiência da "Eleição de Estado de Vida" ou pelo Laicato ou pela Vida Consagrada ou pelo Sacerdócio.

2. O crescimento grupal na fé

Semelhante ao crescimento grupal humano, um grupo cristão percorre as mesmas etapas enquanto grupo de crentes. As experiências precedentes de fé, por parte de cada um, hão de atenuar as demoras no crescimento grupal, porque trazem uma predisposição para o acolhimento mútuo e para o amor fraterno. Mas, mesmo assim, a Graça só atuará se encontrar a devida conversão ou colaboração da natureza. Assim:

2.1. Os *Desligados*

2.2. Os Conhecidos inquietos. A Reunião traz, já em semente, o desejo de colaboração e a vontade de construir alguma coisa juntos para o bem do Reino de Deus.

2.3. Os *Amigos apaixonados*. O Grupo de Amizade pode ir acontecendo na medida do equilíbrio de cada um e do humilde reconhecimento do valor dos outros, na certeza de que todos são membros do Corpo de Cristo.

2.4. A *Equipe missionária* se firmará com a ausência do espírito de competição e vaidade e com o interesse em reconhecer Cristo como centro e razão de ser de toda obra apostólica. Enquanto aprendem a caminhar com Deus, vai surgindo a necessidade das promoções que favorecem a Espiritualidade, dos Cursos de aprofundamento sobre as verdades da fé, assim como as iniciativas de zelo pela expansão do Reino de Deus.

2.5. A *Comunidade Comprometida* será o fruto do amadurecimento das atitudes anteriores. Todos serão um só coração e uma só alma, na maior parte do tempo, embora se deva contar com as fraquezas de cada ser humano. A Comunidade é a UTOPIA, é o SONHO de Cristo, sempre inatingível, mas sempre digno de ser perseguido.

Ainda uma palavra...

Fala-se com frequência na mídia sobre as empresas de sucesso no mundo. Critérios usados para classificá-las são, por exemplo, o volume de produção, o tamanho dos lucros, o número de funcionários, a expansão por maior número de países, a visibilidade. Vindo, porém, ao propósito destas páginas, a empresa mais importante do mundo é a *Igreja de Cristo*, não apenas pela antiguidade, mas principalmente por ser encarregada da mais excelente "matéria-prima" e do mais cobiçado "produto final": a difusão da Boa-Nova, com a oferta da mais genuína felicidade, sem distinção de destinatários, porque se destina a cada ser humano.

Ela, para tanto, jamais pode ficar descuidada e à margem das descobertas que a Psicologia Social veio trazendo há tempos, mostrando experimentalmente a diferença entre as organizações bem treinadas e as "empresas de fundo de quintal".

Deus ajuda a quem se ajuda. *A Graça supõe a natureza, e a aperfeiçoa.* Deus não vai suprir nosso descuido em empregar todos os meios conhecidos, no sentido de colocarmos nossa inteira colaboração, bem de acordo com a conhecida máxima de Santo Inácio: "Fazer tudo como se tudo dependesse de nós e, ao mesmo tempo, confiar tanto, como se tudo só dependesse de Deus". O tempo passa rápido demais para que a Igreja de nossos dias se demore em marcha lenta, quando a vida se processa em toda parte em alta velocidade. Que se mobilize em ritmo de 5G, por todos os meios razoáveis, para realizar com sucesso o Projeto divino para a humanidade.

O desentendimento entre os povos, assim como as guerras multiplicadas por toda parte, são gritos de desespero e de socorro, denunciando que está faltando o mais importante para a satisfação do fim para que fomos criados.

É urgente que os seres humanos, principalmente os que se dizem cristãos, façam-se dignos continuadores da missão de levar a humanidade a integrar-se no processo desejado por Deus, de realizar a Civilização do Amor, como propunha São Paulo VI. Que, apaixonados pelo Cristo e iluminados por sua luz, animem-se ardorosamente a sair pelas periferias existenciais, dispostos a promover uma nova e definitiva Cruzada em favor de uma sociedade desorientada e perdida, sem rumo e depressiva, para fazer do mundo inteiro uma grande Comunidade, empolgada por aquilo que vale a pena.

As noções de Dinâmica dos Grupos aqui lembradas, embora rápidas, juntamente com a proposta da correlação entre o Processo Humano e o Crescimento na Fé, quiseram apenas alertar-nos para sua importância. Muitos já tiveram alguma iniciação ao assunto. É tempo de procurarmos, com todas as forças, aplicar o que aprendemos, não para transformar os cristãos em cobaias ou alunos de uma pretensa escola de psicologia, mas para convidarmos pessoas experientes como assessores, assim poderemos aprofundar nossos conhecimentos em obras numerosas existentes e, aos poucos, aproveitar a riqueza disponível nesses caminhos que a experiência humana foi descobrindo, principalmente nas últimas décadas.

Essa é nossa esperança, esse é também nosso sonho, acalentado há algumas dezenas de anos.

APÊNDICES

POEMA "TU ME CAPTURASTE, SENHOR", de Michel Quoist

Senhor, tu me capturaste e eu não pude resistir.
Corri por muito tempo, mas tu me perseguias.
Dei voltas, entrei por desvios, mas tu os conhecias.
Tu me alcançaste, debati-me. Ganhaste.

Aqui estou, Senhor, eu disse sim quase sem fôlego,
quase sem forças e quase sem querer,
e lá fiquei tremendo como um vencido "à mercê" do vencedor...
Mas de repente, sobre mim,
pousaste teu olhar de Amor.

Está feito, Senhor, não poderei mais te olvidar.
Num instante tu me conquistaste. Num instante me capturaste,
foram varridas minhas dúvidas, foram-se embora meus temores.
Pois, sem ver-te, eu te reconheci, te senti sem te tocar,

Te compreendi sem te escutar,
marcado com o fogo de teu amor.
Está feito, Senhor, não poderei mais te olvidar.
Agora sei que estás aí, presente junto a mim e, em paz,
trabalho sob teu olhar de Amor.

É bastante erguer a ti os olhos de minha alma, para encontrar teu olhar.

E nós nos entendemos. Tudo está claro. Tudo em paz.

Em certos momentos – ó, obrigado, Senhor!

Tu vens irresistível, invadir-me, tal como o mar devagarinho inunda a praia,

e nada mais posso; escravizado, tenho de parar.

Seduzido, prendo a respiração. Suspendes o Tempo, o mundo se esvai.

Quisera que estes minutos durassem horas...

Quando te vais, deixando-me afogueado e transbordando de alegria profunda,

não tenho uma ideia a mais, mas SEI que me possuis mais do que antes.

Algumas fibras em mim foram tocadas,

estendeu-se a queimadura, e fiquei um pouco mais cativo de teu Amor.

Senhor, ainda fazes o vácuo ao meu redor, mas, desta vez, de forma diferente.

É que és grande demais, eclipsas tudo mais.

O que eu amava me parece ninharia, e meus humanos anseios

como cera derretem-se, ao fogo de teu Amor.

As coisas que me importam! Que me importa o bem-estar! E que me importa a vida!

Nada mais desejo senão a ti. Nada mais quero senão a ti.

Bem sei, os outros dizem: "Está louco". Loucos, Senhor, eles é que o estão.

Não te conhecem,

nada sabem de Deus,

não sabem que é impossível resistir-te.

Mas a mim, tu me apanhaste, Senhor, conto certo Contigo. Estás aí – e eu exulto.
O sol invade tudo, e minha vida cintila como uma joia.
Tudo é fácil, tudo é luminoso. Tudo é puro, tudo canta!
Obrigado, Senhor, muito obrigado!
Por que eu? Por que é que me escolheste?
Alegria! Alegria! Lágrimas de Alegria!

***

MEDITAÇÃO SOBRE A CARTA AOS EFÉSIOS 1

1. A REVELAÇÃO DO MISTÉRIO

1.1. O mundo está cheio de mistérios: o que é mistério... mistérios da ciência... mistérios da história... mistérios de nossa própria vida...

1.2. O grande mistério: o insondável da vida íntima de Deus... o Amor sem limites... a predestinação dos seres humanos para a Felicidade sem-fim... não só os judeus, mas também os gentios (nós)... os gentios são coerdeiros, membros do mesmo Corpo e coparticipantes da Promessa em Cristo Jesus, por meio do evangelho (6). A graça de anunciar aos gentios a insondável riqueza de Cristo e de pôr em luz a dispensação do mistério oculto desde os séculos em Deus, criador de todas as coisas, para dar agora a conhecer aos Principados e às Autoridades nas regiões celestes, por meio da Igreja, a multiforme sabedoria de Deus, segundo o desígnio preestabelecido desde a eternidade e realizado em Cristo Jesus nosso Senhor, por quem ousamos chegar-nos a Deus, confiantemente, pela fé (7-12).

1.3. A quem foi revelado: às gerações e aos homens do passado ele não foi dado a conhecer, como foi agora revelado a seus santos apóstolos e profetas, no Espírito... A mim, o menor de todos os santos, foi-me dada esta graça... (5.8).

2. A ATITUDE DIANTE DO MISTÉRIO

2.1. Louvar, reverenciar e servir a Deus nosso Senhor... Por essa razão eu dobro os joelhos diante do Pai – de quem toma o nome toda família no céu e na terra – ... (14). "Família", no grego, significa qualquer grupo social que deve sua existência a um mesmo antepassado. Ora, a origem de todo agrupamento humano, ou mesmo angelical, remonta a Deus, o Pai supremo" (nota da Bíblia de Jerusalém).

2.2. Interceder pelos demais: pedir-lhe que ele conceda, segundo a riqueza de sua glória, que vós sejais fortalecidos em poder por seu Espírito no homem interior, que Cristo habite pela fé em vossos corações e que sejais arraigados e fundados no amor.

2.3. Pedir a grande graça de ter condições para compreender, com todos os santos, qual é a largura, e o comprimento, e a altura, e a profundidade e de conhecer o amor de Cristo, que excede a todo conhecimento, para ser plenificado com toda a plenitude de Deus. (Segundo a filosofia estoica, Paulo significa a totalidade do universo e o papel universal de Cristo para regenerar todas as coisas. São as dimensões do mistério da salvação, as dimensões do amor de Cristo ou de sua Sabedoria, cujas dimensões vão além de toda medida humana) (Nota da Bíblia de Jerusalém).

***

PRONUNCIAMENTO DE DOM ODILO SCHERER, CARDEAL ARCEBISPO DE SÃO PAULO

"Batizar apenas e, depois, deixar o cristão por conta de uma evangelização 'genérica' é insuficiente." "É como semear um campo e, depois, abandoná-lo a si mesmo... não dá para esperar muito fruto; é também como plantar um jardim e não zelar por ele: dá para esperar flor bonita e abundante?", pergunta, em artigo publicado no jornal arquidiocesano "O São Paulo". O batismo "é uma graça de Deus, e a fé, um dom do Espírito Santo"; mas "a vivência da fé cristã precisa ser aprendida e supõe um processo contínuo, ao longo de todas as etapas da vida; tanto a criança precisa aprender a ser cristã, como a pessoa adulta, ou idosa".

"Hoje, mais do que evangelizar catecúmenos, precisamos começar a evangelizar a maioria dos já batizados." A iniciação à vida cristã "começa com o anúncio querigmático, mediante o qual a pessoa é levada ao encontro com Jesus Cristo e colocada diante do núcleo central da fé cristã: Jesus Cristo, Filho de Deus feito homem, é nosso Salvador. Morto na cruz por nosso amor, ressuscitou dos mortos e foi elevado à direita de Deus Pai, onde será nosso juiz". "Por seu intermédio obtemos a redenção e o perdão dos pecados. Para cada ser humano, neste mundo, Ele é o caminho, a verdade e a vida. O querigma, anunciado e testemunhado com fé, suscita a fé naqueles que o recebem, pela ação do Espírito Santo."

Depois precisa seguir a iniciação à vida cristã, "aprendendo a se relacionar com Deus, na oração cristã; a conhecer as verdades da fé cristã professadas no 'Creio' e explicadas pela Igreja, no Catecismo". Aprender também "a ouvir e acolher a Palavra de Deus, com a comunidade de fé, a Igreja; e a iniciação à vida cristã não pode deixar de colocar o fiel diante das implicações morais decorrentes do seguimento de Jesus e da pertença à Igreja". Essa iniciação "também leva o fiel a 'aprender' o jeito próprio da vivência cristã, a mística cristã".

"Assim, durante a vida inteira, o cristão está 'na escola do Evangelho' e vai aprendendo a ser fiel a Jesus, seguindo-o no caminho dele, mesmo no extremo da vida, diante da morte, pois também há um jeito cristão de ficar doente e de morrer..." "Em tudo isso, é bom ter presente que não se trata de um aprendizado meramente intelectual, embora esse aspecto também faça parte do processo, pois a fé também precisa ser conhecida com a inteligência. Mais que isso, porém, é um aprender existencial."

REFERÊNCIAS

BERNE, Eric. *Os Jogos da Vida*. São Paulo: Nobel, 1997.

BIANCHI, Enzo. *Jornal La Stampa*, 22/09/2009.

BÍBLIA DE JERUSALÉM. São Paulo: Paulus, 2006.

BOFF, Leonardo. *A Graça Libertadora no Mundo*. Petrópolis: Vozes, 1997.

BOFF, Leonardo. *A Fé na Periferia do Mundo*. Petrópolis: Vozes, 1978.

BOULAD, Henri. *Deus e o Mistério do Tempo*. São Paulo: Loyola, 1992.

CUÉ, Ramon. *O Meu Cristo Partido*. Porto: Perpétuo Socorro, 1972.

COMBLIN, José. *Vocação para a liberdade*. São Paulo: Paulus, 1998.

DRAKE, Nadia. A Evolução Humana. In: *National Geographic*, Internet.

IRINEU, Santo. *Tratado contra as Heresias*.

QUEIRUGA, Andrés Torres. *Creio em Deus Pai*. São Paulo: Edições Paulinas, 1993.

LACERDA, Milton Paulo. *Jesus de Nazaré, vencedor ou perdedor*. 2ª ed., São Paulo: Loyola,1989.

LACERDA, Milton Paulo. *O Caminho da Liberdade Interior*. São Paulo: Loyola, 2022.

LIBÂNIO, J.B. *O eterno problema da fé*. Rio de Janeiro: CRB,1974.

LOYOLA, S. Inácio. *Exercícios Espirituais*. São Paulo: Loyola, 2000.

MONDIN, Battista. *Antropologia teológica, História, Problemas e Perspectivas*. São Paulo: Ed. Paulinas, 1979.

PAPA FRANCISCO. *Encíclica Lumen Fidei*.

PAPA S. JOÃO PAULO II. *Encíclica Fides et Ratio*.

PIKUNAS & DOBZHANSKY. *Desenvolvimento Humano*. São Paulo: McGraw Hill do Brasil, 1988.

QUOIST, Michel. *Poemas para Rezar*. São Paulo: Livraria Duas Cidades, 1973.

READER'S DIGEST. Rio de Janeiro, 2005.

STOEGER, William SJ., em entrevista a IHU on-line, de 26/06/2006, sobre Astrofísica, Cosmologia e a Busca de Deus no Universo.

WEIL, Pierre. *O Corpo Fala*. Petrópolis: Vozes, 74ª edição.

ÍNDICE

Este livro foi composto com as famílias tipográficas Bookmania, Source Sans Pro, Montserrat e Times New Roman e impresso em papel offset 63gr pela Gráfica Santuário.